Edith Sitwell
Englische Frauen

Aus dem Englischen
von Karl A. Klewer

Frankfurter
Verlagsanstalt

Titel der bei William Collins of London
erschienenen Ausgabe:
English women

Deutsche Erstausgabe

Erste Auflage 1992

Satz: Photosatz Reinhard Amann, Aichstetten
Druck & Einband: Clausen & Bosse, Leck
Printed in Germany
ISBN 3-627-70003-1

Inhalt

Vorbemerkung der Autorin
Seite 7

Elizabeth Tudor
Seite 13

Mary Sidney
Seite 17

Sarah Jennings
Seite 21

Esther Johnson
Seite 27

Elizabeth Linley
Seite 31

Sarah Siddons
Seite 33

Mary Wollstonecraft
Seite 39

Dorothy Wordsworth
Seite 45

Lady Hester Stanhope
Seite 51

Elizabeth Fry
Seite 55

Jane Welsh Carlyle
Seite 61

Grace Darling
Seite 67

Emily Brontë
Seite 73

George Eliot
Seite 77

Florence Nightingale
Seite 83

Christina Rossetti
Seite 89

Ellen Terry
Seite 95

Gertrude Bell
Seite 99

Virginia Woolf
Seite 103

Bildnachweise
Seite 107

Vorbemerkung der Autorin

Charaktereigenschaften und nicht Intellekt prägen die Persönlichkeit der Engländer, und Genies erlangen, um es mit Swinburne zu sagen, »Reiz und besondere Würze des persönlichen Lebens« stets durch ihren Charakter und selten durch bloßen Intellekt. Im Ausland hat man behauptet, Engländer seien Konventionen stärker unterworfen als Angehörige irgendeines anderen Volkes. Der Verfasserin scheint das genaue Gegenteil der Fall zu sein, jedenfalls, soweit es gesellschaftliche Beziehungen angeht. Gewiß, auf dem europäischen Kontinent hat man sexuelle Freizügigkeit offener ein- und zugestanden als in England, doch war und ist dort im gesellschaftlichen Leben das Äußern von Meinungen unzulässig, während man in England persönliche Ansichten gelten läßt. Dummköpfe behandeln derlei mit belustigter und halb verächtlicher Duldung, und wenn sie einer Anwandlung von Künstlerhatz nachgeben, läßt sich das eher auf die Aversion des Pygmäen gegenüber dem Riesen zurückführen als auf irgendeine Form von Haß auf einen starken Charakter.

Diese Individualität findet sich bei Frauen ebenso wie bei Männern. An die Stelle der unübersehbaren physischen Energie der Frau in romanischen Ländern tritt hier eine Blüte des Charakters, die in früheren Zeiten ebenso bemerkenswert war wie heute.

In England hat es, wie auch anderswo, eine Zeit gegeben, in der man Frauen als dem Manne nicht ebenbürtig ansah. Doch ist diese Phase hierzulande vorüber, denn das Wesen des Engländers ist von besonderer Geradheit und unterliegt keinen unnatürlichen Abweichungen; ihm ist ein Empfinden für Gerechtigkeit wie auch für Mäßigung zu eigen.

Dieser von mir angesprochene auffallende Nationalcharakter findet sich ebenso selbstverständlich in dem überaus seltenen Geschöpf, der genialen Frau, wie auch in der charaktervollen Frau ohne schöpferischen Genius, welche im Alltagsleben die Erfüllung ihres gesamten Wesens findet. Wo immer in England dieser Genius bei einer Frau zutage tritt, ist er stets von genau dem richtigen Härtegrad, in demselben Sinne, wie wir diese Eigenschaft bei Stahl als erstrebenswert ansehen. Es handelt sich um einen aus Feuer und Leidenschaft geborenen Genius wie bei Emily Brontë, Sarah Siddons und jener seltsamen Elizabeth aus dem Hause Tudor, der es ebenso vorherbestimmt war, Englands Königin zu werden, wie Emily Brontë Autorin von *Die Sturmhöhe* werden mußte. Die geniale Engländerin zeichnen weder leidenschaftlicher Überschwang noch die Künste weiblicher Lockung aus. Im Alltagsleben ist die Engländerin ein Geschöpf von großherziger Menschlichkeit; tolerant legt sie eine allumfassende gelassene Langmut und Treue an den Tag, von ebensolcher Beständigkeit wie jene wunderbaren Bäume, die zu den Schönheiten des Landes zählen. Die Größe der Elizabeth Tudor war eine englische Größe mit englischem Feuer und von englischer Heftigkeit, auch wenn diese Frau viel von der Verfeinerung einer Renaissance-Italienerin an sich hatte.

Diese Heftigkeit und dies Feuer führten zu einer geradezu puritanischen Geringschätzung einiger der eher vordergründigen Freuden des Lebens sowie dessen, was häusliches Wohlbehagen ausmacht: Wärmende Kaminfeuer und die Behaglichkeit von Betten und Sesseln sind uns von alters her vertraut – jedoch der Umgang mit Gemüse! Jede einzelne Sorte ist so sehr eine Insel wie unser geliebtes England, sie werden aber nicht in einer See aus Silber, sondern in einer solchen aus Salz zubereitet ... Jedes Mahl ist von der Art, wie es Racheengel bei Abendgesellschaften in den Städten Sodom und Gomorrha hätten auftragen können ... Sandwüsten, Salzsäulen, aus Früchten des Toten Meeres gekelterter Wein ... Doch so geartete Mahlzeiten gehören mittlerweile beinahe der Vergangenheit an. Bis der Krieg solchem Tun ein Ende bereitete, hatten Engländerinnen begonnen, den Beweis anzutreten, daß ihre Fähigkeit zu kochen ebensohoch entwickelt war wie die, ein Mahl zu planen. Auch ihre Art, sich zu kleiden, hat sich ungeahnt verbessert ... längst findet man auf den Hüten nicht mehr, wie zu Königin Victorias Zeit, eine Art Prunkdarstellung des Weltreichs, bei der sich Erzeugnisse aus allen Kolonien um den Vortritt stritten.

Mit Vergnügen hätte ich weitere Beispiele für die Entfaltung des Charakters angeführt, von der ich sprach: So hätte ich beispielsweise gern Catherine Blake Tribut gezollt, der großartigsten Frau, die je einen genialen Mann getröstet und unterstützt hat. Begeistert hätte ich über all die unbesungenen Frauen geschrieben, für die Catherine Blake typisch ist, über alle, welche nie zu Ruhm gelangt sind, deren Vorbild aber Tag für Tag dazu beigetragen hat, unser Volk zu zivilisieren: die Hunderttausende gewöhnlicher Frauen. Sie tragen mit ihrer Herzenswärme und ihrer Liebe zu Vaterland und Familie, ihrer unerschütterlichen Treue und Tapferkeit sowie der Art und Weise, in der sie heiter und keineswegs trübsinnig ihre Pflicht erfüllen, zum Ruhm Großbritanniens bei.

Da das nicht möglich war, habe ich unter vielen Tausenden von Frauen einige wenige ausgewählt, die Zeugnis für diese Verkörperung des Charakters abgelegt haben – sei es durch ihr Handeln im Alltag, sei es in schöpferischem Tun anderer Art.

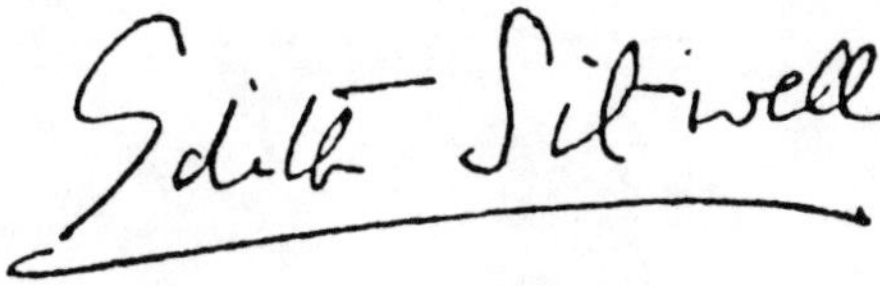

Elizabeth Tudor
1533 - 1603

Die Auflösung des sonderbaren Widerspruchs im Leben dieser Frau, das je nach Blickwinkel unfruchtbar und zugleich unendlich ertragreich war, finden wir ausschließlich in ihrer Größe. Der hohe Mut des Löwen, seine Beherztheit wie sein Groll standen im Gegensatz zu einem verfeinerten Geist; jener »Stolz des Pfaus, welcher der Ruhm Gottes ist«, verbunden mit dem Wissen, daß die Liebe der Königin galt, nicht aber der Frau – die Liebe ihres Volkes, die gegeben und empfangen wurde, zusammen mit ihrer wahrhaft herzzerbrechenden Einsamkeit – da ist das unansehnliche Gesicht, so voll Feuer, geistiger Macht, Weisheit und Selbstgefälligkeit, sind die zerbrechlich und empfindsam wirkenden Hände, ein Leben aus Pflicht und Pracht und der einfache und gramvolle Tod. Wie läßt sich all das zueinander in Beziehung setzen?

Obwohl sie von unersättlichem Liebeshunger beseelt war, hieß es, sie habe kein Herz! Doch hat ihr Patensohn, Sir John Harrington*, gesagt, er habe sie nie so weinen sehen wie in jenem Augenblick, als Maria Stuart, die Königin Schottlands, ihrem Henker entgegenschritt.

Sie tanzte gern und ausgelassen, doch in ihrem Herzen waren Kummer und Bitterkeit. »Ich weiß«, sagte sie der Abordnung, die zu ihr kam, um auf Marias Tod zu dringen, »was es bedeutet, ein Souverän

* (Auch: Harington) Autor und Übersetzer (u. a. von Ariosts *Rasendem Roland*), Höfling seiner Patentante, die ihn wegen einer Spottschrift vom Hof verbannte. Unter König Jakob I. Erzieher des Prinzen Henry. Später Oberster Beamter (High Sheriff) der Grafschaft Somerset. (A. d. Ü.)

zu sein, was es bedeutet, gute Nachbarn zu haben und gelegentlich mit niederträchtigen Menschen zusammenzutreffen. Ich bin zu dem Ergebnis gekommen, daß es vernünftig ist, anderen zu vertrauen, und habe erfahren, wie große Wohltaten kaum gewürdigt wurden.«

Sir Christopher Hatton*, der sie gut kannte, sagte einmal: »Die Königin fischte Männerherzen und besaß einen so bezaubernden Köder, daß sich keiner vor ihrem Netz in Sicherheit zu bringen vermochte.« Harrington erklärte überdies: »In ihrem Lächeln liegt eitel Sonnenschein. Ein jeder bemühte sich, in dessen Glanz zu baden; doch dann entlud sich aus plötzlich aufgezogenen Wolken ein Gewitter, und der Donnerschlag traf in wundersamer Weise alle.«

Sie war geboren, andere zu begeistern; sie befeuerte die Seelen der Männer. Kein Wunder, daß Shakespeare in ihrer Regierungszeit lebte und ihr Zeitalter möglicherweise das bedeutendste war, das unser Land je gekannt hat.

* Höfling und Favorit der Königin. Ab 1571 regelmäßig Parlamentsmitglied, trat im Unterhaus als führender Sprecher der Regierung auf. Er war an den Untersuchungen der »Umtriebe« beteiligt, deren man die Katholiken verdächtigte, und gehörte dem Ausschuß an, der gegen Maria Stuart eingesetzt wurde. Ab 1587 Lordkanzler. (A.d.Ü.)

Mary Sidney
Gräfin von Pembroke
1561 - 1621

Im Jahre 1580 erging sich in den Wäldern nahe Wilton ein junger Mann mit seiner noch jüngeren Schwester. Dazu hatte er Muße, weil ihn Königin Elizabeth wegen seiner offen geäußerten Mißbilligung ihrer beabsichtigten Eheschließung mit dem Herzog von Anjou vom Hofe verbannt hatte. Er trug sich mit dem Gedanken an ein Werk, das uns eine zugrundegegangene Welt wieder zurückbringt – die *Arcadia*. Sir Philip Sidney* und seine Schwester, Gräfin von Pembroke, waren von gleicher Wohlgestalt. »Eine schöne Dame«, beschrieb sie John Aubrey**, »von brillanten geistigen Gaben ... Ihr bezauberndes Gesicht hatte die Form eines unten spitz zulaufenden Ovals. Ihr Haar war rötlich-gelb ... Nicht nur verfügte Sir Philip Sidney über einen glänzenden Verstand, er sah auch ausnehmend gut aus; er ähnelte seiner Schwester sehr, doch war sein Haar nicht rot, sondern ein wenig dunkler, d.h. tief bernsteinfarben.«

Die Ergebenheit dieser beiden Geschwister zueinander war ähnlich der, die zwischen dem späteren und bedeutenderen Dichter William Wordsworth und seiner Schwester bestand. Gemeinsam übersetzten

* Soldat, Staatsmann und Dichter. Er war 1572 Zeuge der Bartholomäusnacht in Paris. Die »Stella« seiner Sonette war Penelope Devereux. Der englische Hof betraute ihn mit Missionen an den Kaiser; er fiel aber später bei der Königin in Ungnade. Dennoch erhob sie ihn 1583 in den Ritterstand. Seine *Defense of poesy* ist das erste Beispiel literarischer Kritik in England, und sein (für seine hier erwähnte Schwester verfaßtes) Pastoral-Potpourri *Arcadia* gilt als bedeutendste Prosa-Romanze der elisabethanischen Epoche. (A. d. Ü.)

** (1626-1697) Nach einer Ausbildung als Jurist in der Altertumsforschung tätig. (A.d.Ü.)

sie die Psalmen Davids – John Donne hat diese Übertragung in einem Gedicht anerkennend gewürdigt –, und nach Sidneys Tod gab die Schwester in ihrer Einsamkeit das Werk heraus, das er ihr zur Freude verfaßt hatte. Einsamkeit sage ich, weil sie in ihrer Ehe, auch wenn keine Stürme sie zerstörten, nicht viel Geselligkeit gefunden haben kann. Ihr Gatte, dem man sie mit sechzehn Jahren angetraut hatte, war eine ganze Generation älter als sie und bereits zweimal verehelicht gewesen.

Lady Pembrokes Leben ähnelte dem gewisser bedeutender Damen der Renaissance. »Zu ihrer Zeit«, heißt es bei John Aubrey, »ähnelte Wilton House einem Universitäts-College, so viele gelehrte und schöpferisch begabte Menschen gingen dort ein und aus. Keine von allen Damen ihrer Epoche förderte Geist und Gelehrsamkeit mehr als sie. Sie war in der Scheidekunst außergewöhnlich bewandert und verbrachte alljährlich viel Zeit mit Studien auf diesem Gebiet. Sie setzte Boston, der sich mit der Suche nach dem Stein der Weisen zugrunde richtete, ein bedeutendes Jahrgeld aus, und sie wäre auch für seinen Unterhalt aufgekommen, aber da er alles Gold für sich behalten wollte, mochte er nicht in ihrer Schuld stehen.«

Viele Menschen haben dieser Schirmherrin der Gelehrsamkeit Tribut gezollt. Edmund Spensers Werk *The Ruines of Time* (Die Ruinen der Zeit) ist jener Dame gewidmet, deren Bruder zu den engsten Freunden des Dichters gehörte; und in *Astrophel* findet Spenser herzliche Worte über die Ähnlichkeit zwischen ihr und dem geliebten Bruder. In *Colin Clout Come Home Again* (Colin Clout kehrt wieder heim) tritt sie als Astrophels Schwester Urania auf. Wie andere gelehrte Damen jener Epoche brachte sie viel Zeit mit Übersetzen zu. Unter anderem hat sie Petrarcas *Triumphus Mortis* aus *Die Triumphe* ins Englische übertragen. Lediglich zwei eigene Dichtungen werden ihr zugeschrieben, doch besteht hinsichtlich deren Urheberschaft keinerlei Sicherheit.

Und was läßt sich über ihr Privatleben sagen? Ich nehme an, daß es sie glücklich machte, den bedeutenden wie auch anderen, minder bedeutenden Männern ihrer Zeit zu helfen. Ihr blieb die Erinnerung an ihren heldenhaften* Bruder und an jene glücklichen, wolkenlosen Tage, die sie vor seinem frühen Tod auf Wilton miteinander verbracht hatten. Lange mußte sie sich um ihren ältesten Sohn und dessen skandalöse Liebesaffäre mit Mary Fitton grämen: Der Skandal führte dazu, daß Königin Elizabeth den jungen Mann erst zur Strafe ins Gefängnis schickte und anschließend nach Wilton verbannte. Es gab das häusliche Leben und die Suche nach dem Stein der Weisen. Es gab die Schönheiten von Wilton. Doch wer weiß, was es sonst noch gab?

* Wohl eine Anspielung auf eine angeblich authentische Äußerung Sidneys, der beim von ihm geführten Sturm auf die niederländische Stadt Zutphen tödlich verwundet wurde und einem sterbenden Soldaten einen Becher Wasser mit den Worten gereicht haben soll: »Du brauchst es mehr als ich.« (A.d.Ü.)

Sarah Jennings
Herzogin von Marlborough
1660 - 1744

Vom Standpunkt der Moral aus gesehen führte die erste Herzogin von Marlborough ein Leben, das wie das ihres Gatten, des bedeutenden Heerführers, von Feldlagern und Feldzügen sowie plötzlichen Überfällen bestimmt war, ein Leben des Auf und Ab sowie eines der verlorenen und gewonnenen Schlachten. Über den großen zeitlichen Abstand hinweg wirkt Sarah Jennings auf uns wie eine Galionsfigur oder auch wie die Fahne, um die herum die Schlacht tobte (doch muß man wegen einer gewissen Starrheit in ihr vielleicht doch eher die Galionsfigur als die Fahne sehen). Zuerst stand sie im Mittelpunkt eines der miteinander verfeindeten Lager am Hofe König Wilhelms und seiner Königin Mary; später war sie die Galionsfigur, die an Königin Annas Hof die Angriffe aller Intriganten auf sich lenkte.

Sie besaß den Mut und die Aufrichtigkeit eines Soldaten, war ihrem Wesen nach weder zur Lüge fähig, noch vermochte sie sich zu taktvollem Verhalten herabzulassen, das ihr als eine mindere Form der Lüge erschien. Diesen unbeugsamen Charakter ergänzte ein heftiges Wesen, das zu beherrschen sie sich keine Mühe gab; und das, erklärt Lord Wolseley, »hinderte sie daran, leidenschaftslos über irgendeinen Gegenstand zu reden, denn Widerspruch zu ertragen war ihr nicht möglich«.

Führten diese Unfähigkeit zur Lüge, diese Heftigkeit des Wesens und diese anmaßende Herrschsucht den Bruch mit der Königin herbei, der sie so treu gedient hatte und der ihre hingebungsvolle Liebe galt? Als dieser Bruch eintrat, lag es siebenunddreißig

Jahre oder länger zurück, daß man die Prinzessin, ein lymphatisches kleines Mädchen mit teigigem Gesicht, in einer Kutsche nach Water End House bei Sandridge in Hertfordshire gebracht hatte, wo sie sich mit einem heißblütigen, rasch und entschlossen handelnden hübschen Kind namens Sarah Jennings anfreundete. Da eine Schwester Sarahs am Hofe lebte und sie diese häufig besuchte, entwickelte sich die Freundschaft weiter, und als einige Jahre später der Herzog von York seine zweite Ehe einging, gehörte die sechzehnjährige Sarah bereits zu Prinzessin Annas Gefolge.

Bei der Hochzeit des Herzogs begegnete Sarah zum zweiten Mal dem Manne, den sie später ehelichen sollte, dem jungen Obristen John Churchill*, zu jener Zeit sechsundzwanzig Jahre alt. Obwohl er erklärte, er würde lieber seine sämtlichen Schlachten auf einmal schlagen, als sich in die Querelen seiner Herzogin einzumischen, sah er in ihr sein Leben lang seine »liebste Seele«, und mit ihr zusammenzusein bedeutete ihm wahres Glück. War er bei ihr, erklärte er,

* Diesen Heerführer, der seinen König Jakob II. verraten hatte, um Wilhelm von Oranien auf den englischen Thron zu bringen, belohnte dieser zum Dank dafür mit der Grafenwürde. Nach dem erfolgreichen Feldzug gegen Frankreich (1702) machte ihn Königin Anna zum ersten Herzog von Marlborough. Nachdem man ihn all seiner Ämter enthoben hatte, teils aufgrund von Intrigen, teils, weil sich seine Gemahlin bei der Königin unbeliebt gemacht hatte, ging er ins Ausland und betrieb von dort aus die Thronfolge durch die Hannoveraner. Nach der Thronbesteigung durch Georg I. wurde er erneut in einige seiner herausragendsten Ämter eingesetzt. Einer seiner Nachfahren, der spätere englische Kriegspremier Winston Churchill, hat eine vierbändige Biographie über ihn verfaßt. (A.d.Ü.)

könne ihn »nichts unglücklich machen, habe ich doch keinen Wunsch, wohlhabender zu sein, und kenne ich kein höheres Ziel als das, meine Tage still bei dir zu enden, wenn der Krieg glücklich vorüber sein wird«.

Diese Liebe hielt sie zu der Zeit aufrecht, da man ihr am Hofe allerlei Widrigkeiten bereitete – bemühten sich doch König Wilhelm und Königin Mary, sie aus Prinzessin Annas Umgebung zu entfernen. Doch diese war der Jugendgefährtin ebenso treu ergeben wie Sarah ihr, und die Freundschaft hatte Bestand, bis Anna Königin wurde.

Dann kam es nach und nach zum Bruch. Vielleicht wurde Anna die feste Entschlossenheit lästig, die ihr während ihrer Zeit als Prinzessin eine solche Stütze gewesen war. Sarah konnte es nicht vertragen, wenn die Königin zögerte. »Je nun, Madam«, pflegte sie aufgeregt zu sagen, »so muß es nun einmal sein!« Verglichen mit ihr muß eine arme Verwandte Sarahs, die verschlagene, kriecherische Abigail Hill, für die Königin geradezu erholsam gewesen sein. Sie hatte insgeheim mit Mr. Masham* die Ehe geschlossen, und die Königin hatte der Hochzeit ohne Sarahs Wissen beigewohnt. Diese Frau, der Lady Marlborough nicht nur ihre Stellung bei Hofe verschafft hatte, sondern deren Angehörigen sie auch den Lebensunterhalt sicherte, schmeichelte, widersprach niemals – und

* Später in den Adelsstand erhobener Sohn eines Londoner Kaufmanns. Er und seine Gattin Abigail, die im Laufe der Zeit Favoritin der Königin wurde, sollen Bolingbroke und die im Exil befindlichen Stuarts unterstützt haben. (A. d. Ü.)

nutzte jede Möglichkeit, ihre Base und Wohltäterin bei der Königin anzuschwärzen.

Schon bald fiel Lady Marlborough eine Veränderung im Verhalten der Königin auf, doch es dauerte lange, bis sie zu glauben vermochte, diese könne von Dauer sein. Ihr offenes Wesen und ihre Ergebenheit ließen ihr das unmöglich erscheinen. Doch die Veränderung hatte stattgefunden, und als der Bruch schließlich offen zutage lag, blieb die Königin ihrer treuen Dienerin und Freundin jede Erklärung schuldig. »Ihr habt keine Antwort verlangt, und Ihr bekommt keine«, war alles, was sie auf Sarahs Frage sagte; das wiederholte sie immer wieder in dem erschreckenden Gespräch, das diese Freundschaft beendete. Nichts mit Ausnahme des tiefen Kummers, den sie beim Tod ihres sechzehnjährigen Sohnes empfand, und ihres späteren Seelenschmerzes, als ihr Gatte starb, kann der Herzogin von Marlborough solche Qualen bereitet haben. »Ich war stets der Meinung«, sagte sie, »das größte Glück sei es, einen Menschen, der diese Gefühle erwidert, außerordentlich zu lieben und zu schätzen und mit ihm möglichst häufig beisammen zu sein.«

Das war die feste Überzeugung des einfachen, ziemlich naiven Geschöpfes, dessen Charakter voller Widersprüche war: Nichts von dem, was sie tat, und kein Wesensmerkmal paßte zu ihrem sonstigen Tun und ihren anderen Wesensmerkmalen. Neben ihrer großen Zärtlichkeit war sie zugleich von einer Heftigkeit, die sie dazu brachte, Menschen, die sie kränkten, Schlüssel, Handschuhe und andere Gegenstände an den Kopf zu werfen. Man behauptete, sie sei knauserig gewesen, aber sie verschenkte im Laufe ihres Lebens £ 30 000. »Ich bitte euch, redet mir nicht von Büchern«, pflegte sie zu sagen, »die einzigen Bücher, die ich kenne, sind Männer und Spielkarten!« Aber sie verehrte Jonathan Swift und war auf ihre alten Tage eng mit Alexander Pope befreundet, der häufig seufzte: »Ach, was für ein prachtvolles Mädchen Ihr doch seid!«

Noch im hohen Alter, lange, nachdem alle dahingeschieden waren, die sie geliebt hatte, bewahrte sie sich dieselbe Neugier dem Leben gegenüber wie einst. Gelegentlich legte sie sich bei ihren Abendgesellschaften ein Tuch auf das Gesicht und tat so, als schlafe sie. Doch der alte Geist war ungebrochen und ging sogleich zum Angriff über, wenn sie hörte, daß von jemandem die Rede war, dem sie mißtraute. Als beispielsweise ein Gast den Namen eines Mr. Fox nannte, den sie nicht ausstehen konnte, weil er einen gewissen Einfluß auf John Spencer ausübte, tönte ihre alte Stimme unter dem Tuch hervor: »Ist das der Fuchs, der meine Gans gestohlen hat?«

Eins nach dem anderen erloschen die Lichter im Haus der Frau, die in der Gesellschaftsgeschichte ihres Zeitalters eine so bedeutende Rolle gespielt hatte. Aber sie blieb. Sie war vierundachtzig Jahre alt, als das letzte aller Lichter gelöscht wurde und sie zur Ruhe kam.

Esther Johnson

1681 - 1728

Esther Johnson, der Nachwelt als die »Stella« aus Jonathan Swifts Tagebuch und Briefen bekannt, war die Tochter eines jüngeren Sohnes einer in Nottinghamshire ansässigen guten Familie und einer Dame, die Freundin und Gesellschafterin von Sir William Temples Schwester, Lady Gifford, war – allerdings wird weithin gemutmaßt, Sir William Temple* selbst sei ihr Vater gewesen. Nach dem Tode ihres Gatten zog Mrs. Johnson mit ihrem Töchterchen nach Moor Park.** Als »Stella« und Swift einander dort begegneten, war Esther acht Jahre alt und er dreißig. In seinen freien Stunden unterrichtete er sie, und sie trat ihm mit einer Ergebenheit gegenüber, die bis an ihr Lebensende nicht nachließ.

Als Swift im Jahre 1700 seinen Wohnsitz im Pfarrhaus der Kleinstadt Laracoor in Irland nahm, überredete er die inzwischen neunzehnjährige Esther, als Gesellschafterin der guten, betulichen, freundlichen, nicht mit besonderen Geistesgaben gesegneten redseligen Rebecca Dingley dorthin zu ziehen.

Ihr Leben lang ging Esther vollständig in ihrer Aufgabe auf, und sie umgab sich mit einem geradezu todesähnlichen Schweigen, das sie bis ins Grab nicht brach. Sie lebte ihrer Liebe, sie starb für sie, und sie ertrug jegliche Verleumdung und Spekulation, die im

* Staatsmann und Schöngeist. Gesandter in Brüssel und später Botschafter im Haag. Verantwortlich für die gegen Spanien gerichtete Tripel-Allianz (England, Holland, Schweden). Er arrangierte die Eheschließung zwischen der englischen Prinzessin Mary und Wilhelm von Oranien. Jonathan Swift, den er als Sekretär beschäftigte, war ihm bei der Abfassung seiner Memoiren behilflich. (A. d. Ü.)

** Der Landsitz Sir William Temples. (A. d. Ü.)

Lauf der Zeit über diese Liebe in Umlauf gesetzt wurden. Die Frau, die nie mit dem Mann allein sein durfte, dem sie ihr Leben geweiht hatte, mußte es auch ertragen, daß seine an sie gerichteten Briefe und Tagebücher gleichzeitig einer Dritten galten, nämlich Rebecca Dingley.

Welche Qualen muß sie gelitten haben, als nach Esther Vanhomrighs Tod (Swift hatte sie Vanessa genannt, und sie war in sein Leben getreten, als Stella in die mittleren Jahre kam) Swifts »Briefe an Vanessa« veröffentlicht wurden? Wir wissen es nicht, aber wir können es uns denken. Ihr edles Schweigen dauerte fort; Kummer und Groll, die sie empfunden haben muß, öffneten ihre Lippen nicht.

»Bei aller Sanftheit des Gemüts, die sich für eine Dame ziemte«, schrieb der Mann, dem sie ihr Leben dargebracht hatte, »besaß sie den persönlichen Mut eines Helden.«

Elizabeth Linley
Mrs. Richard Brinsley Sheridan
1754 - 1792

Elizabeth Linley, Tochter Thomas Linleys aus Bath, schön wie eine dunkle Rose, von unschuldigem jugendlichem Liebreiz, war schon als Kind eine berühmte Sängerin. Ihr frühes Leben hätte den Stoff für eine Mozart-Oper abgeben können: die Flucht der beiden jungen Liebenden, der achtzehnjährigen Elizabeth und des sechsundzwanzigjährigen Sheridan* (Anlaß dafür waren die Nachstellungen eines älteren verheirateten Wüstlings, Captain Matthews, und der ritterliche junge Liebende brachte seine unschuldige Geliebte nach Frankreich in ein Kloster), ihre Eheschließung, die beiden Duelle, in denen Sheridan dem verräterischen und verlogenen Matthews gegenübertrat (das zweite hätte Sheridan fast das Leben gekostet), die Aussöhnung mit den Eltern, Sheridans Kampf um Anerkennung als Dramatiker – der Ruhm.

Wie betrüblich, daß sich der Staub der Welt auf diese jugendliche Schönheit senken mußte, daß Sheridan ihr untreu wurde und Elizabeth sich ihm entfremdete. Doch in den letzten Tagen, da sie in ihrem weißen Haus, aus dessen Erkern ihr Blick auf die Erdbeerbeete fiel, im Sterben lag, kehrte der Geliebte mit einem Anflug der alten Zärtlichkeit zu ihr zurück.

* Der Dramatiker Richard Brinsley Sheridan. Über politische Essays gelangte er in die aktive Politik, in der er hohe Ämter bekleidete. (A. d. Ü.)

Sarah Siddons

1755 - 1831

Der Maler John Brown fragte diese große Künstlerin mit dem feurigen Genius, der zugleich von bildend-schöpferischer sowie darstellend-ausdeutender Art war, ob sie der Ansicht sei, man solle beim Spielen einer Rolle über die Wahrheit der Natur hinausgehen. »Nein«, gab sie zur Antwort, »aber zweifellos bis hinauf zu den höchsten Farben der Natur.«

»Denn Mrs. Siddons«, schrieb ihre Biographin Mrs. Clement Parsons, »war unkompliziert, aber zugleich imstande, jeder der von ihr verkörperten Gestalten eine ungewöhnliche Einheitlichkeit des Entwurfs zu verleihen, und wir dürfen annehmen, daß darin die Wurzel zu jedem neuen Triumph lag, den sie feierte. Die einzelnen Wesensmerkmale eines Charakters wurden dem Ganzen untergeordnet, und jede Handlung und Geste stand in Beziehung zu einer einzigen treibenden Kraft der Leidenschaft.«

Ihre physische Begabung machte es möglich, daß sie wie eine Riesin zu wirken vermochte. Gage Bartley, ein Schauspielerkollege, beschrieb, wie sie in einen großen Torbogen trat, »den sie vollständig zu füllen schien«. Ihr Gang »wirkte, als sehe man eine vollständige Prozession«, und Fanny Kemble* sagte, in der Rolle der Constance** habe ihr die Erde »nicht

* Abkömmling einer Schauspielerdynastie, Sarah Siddons' Nichte. Sie wollte ursprünglich nicht Schauspielerin werden und trat lediglich auf, weil sie ihrem Vater, Charles Kemble, der das Theater von Covent Garden leitete, aus der Klemme helfen wollte – als Julia. Es war ein Triumph. Sie füllte das Haus über Jahre hinweg und war auch in Amerika erfolgreich. (A.d.Ü.)

** Gestalt aus Shakespeares »König Johann«. (A.d.Ü.)

als Zuflucht und nicht als Grab oder als Ort der Ruhe, sondern als Thron« gedient. Wenn sie unbeweglich auf der Bühne stand, habe sie mitunter die Dichte und Erhabenheit ägyptischer Standbilder, mitunter die Vollendung von Michelangelos Grabskulpturen *Nacht* oder *Tag* erkennen lassen.

»Ihr Gesicht zeigte selten Farbe, auch nicht im Sturm der Begeisterung«, schrieb John Wilson. Diese Leidenschaft war so beschaffen, daß sie wie eine gewaltige Naturkraft wirkte, eine Gezeitenwelle, ein Wirbelsturm, eine Flammensäule. Ihre Augen waren außergewöhnlich, und »ihr Blick«, sagte Samuel Russell, »schlug jeden, auf den er sich richtete, so in seinen Bann, daß er sich beinahe gezwungen sah zu zwinkern und zu Boden zu sehen. Wenn sie auf der Bühne stand, konnte man ihre Augen auf unglaubliche Entfernung blitzen und leuchten sehen!« Ein anderer Zuschauer erklärte, nie habe er eine »so trauervolle Miene in Verbindung mit so viel Schönheit gesehen. Zwar war ihre Stimme volltönend, aber voll Melancholie, ihre Miene bei aller Großartigkeit von Trauer umhüllt, und Trauer lag sogar in ihrem Lächeln.«

Dem Lustspiel gewann sie nichts ab, und Colman* berichtet, sie sei als Komödiantin ein »irrlichternder Tolpatsch« gewesen. Doch fragte ein anderer Zeitgenosse: »Wen hätte es denn auch danach verlangt, einen Sir Isaac Newton als Buchprüfer der Münzanstalt zu sehen oder die russische Zarin als Fandangotänzerin?«

* George Colman d. J., wie sein Vater Dramatiker und Leiter bedeutender Londoner Theater. (A. d. Ü.)

Ihr Privatleben kennzeichnete dieselbe erhabene Einfachheit wie ihr Leben als Künstlerin. Mit achtzehn Jahren heiratete sie den einzigen Mann, den sie je liebte, und ihm gebar sie sechs Kinder.

Als Tochter des Wanderschauspielers und Theaterleiters Roger Kemble stand sie schon in jungen Jahren auf der Bühne, und ihr Mann gehörte der Truppe ihres Vaters an. Anfänglich stieß seine Werbung bei diesem auf Ablehnung, und nachdem Mr. Siddons sie aufgefordert hatte, mit ihm durchzubrennen – wozu sie nicht bereit war –, wurde er aus der Truppe ausgeschlossen. Sie trat in die Dienste Lady Mary Greatheeds; wir wissen nicht, als was. Sie scheint ihre Herrin, der sie Milton vorlas, beeindruckt zu haben. Außerdem »deklamierte sie im Aufenthaltsraum der Dienstboten«.

Nach zwei Jahren verließ sie diesen Dienst und heiratete 1773 William Siddons, mit dem sich ihr Vater inzwischen abgefunden hatte; gemeinsam mit ihrem Gatten schloß sie sich der väterlichen Schauspieltruppe an.

Erst 1784 feierte ihr Genius seinen höchsten Triumph, und zwar im Drury Lane Theatre, wo sie bereits 1776 zusammen mit Garrick aufgetreten war.

Ihr häusliches Leben verlief in ruhigen Bahnen, bis es zu der entsetzlichen Tragödie kam, die auf die Zuneigung ihrer Töchter Sally und Maria zu Thomas Lawrence zurückging. Ihr Gatte war, wie sie zum Zeitpunkt jener Tragödie einer Freundin anvertraute, »so kalt und reserviert, es gab zwischen ihm und mir so wenig Übereinstimmung (mein Unglück, allerdings nicht *seine Schuld*), daß dieser Zustand bei allen wichtigen Gelegenheiten *unser ganzes Leben hindurch* immerzu meine Zunge gebändigt und eisig nach meinem Herzen gegriffen hat«. Doch als er im Jahre 1804 seinen Wohnsitz in Bath nahm, weil sein Rheuma das erforderte, stattete sie ihm lange Besuche ab und betrauerte ihn nach seinem Tode. Im Privatleben war sie so gefaßt, wie sie auf der Bühne ganz Feuer, ganz Wirbelwind oder heranrollende Gezeitenwelle war.

Mary Wollstonecraft
Mrs. Godwin

1759 - 1797

Mary Wollstonecraft kannte, wie sie in ihrem Buch *Verteidigung der Rechte der Frauen* erklärte, »keine Angst vor dem Teufel, den ich vor Augen hatte«. Diese einer äußerst unglücklichen Ehe entstammende Frau von hohen Idealen, die als einstige Gouvernante nur allzu gut wußte, welch unzulängliche Bildung Frauen zuteil wurde, stellte sich der Welt und bisweilen auch dem Teufel. Sie bemühte sich, den Frauen ein von der Allgemeinheit anerkanntes Recht auf bessere Entwicklungsmöglichkeiten, ein freieres und weniger verlogenes Geschlechtsleben sowie eine bessere Ausbildung zu erkämpfen. Das sollte nicht nur die Voraussetzung dafür sein, daß sie ihren Ehrgeiz auf etwas richteten, das über die ihnen zugebilligten untergeordneten Aufgaben und unbedeutenden Ziele hinausging, sondern auch dafür, daß sie den Anspruch erheben durften, einen angemessenen Lebensunterhalt zu verdienen, wenn sie einer Erwerbstätigkeit nachgingen. Diese Forderungen wurden zu einer Zeit erhoben, da Frauen als zweitklassig galten und man ihnen andersgeartete und minder bedeutende Aufgaben zugestand als den Männern; sie wurden als Menschen eingestuft, denen man nicht nur keine angemessene Entlohnung gab, sondern ebensowenig einen eigenen Standpunkt oder ein ihrer Persönlichkeit entsprechendes Verhalten einnehmen ließ.

Zu der Zeit, da *Verteidigung der Rechte der Frauen* sowie das zuvor entstandene Werk *Thoughts on the Education of Daughters* (Gedanken zur Erziehung von Töchtern) erschienen, wurde moralische Laxheit zwar geduldet, doch moralische Freiheit gab es nicht.

Dieselbe Gesellschaft, welche die moralisch fragwürdige, aufgedonnerte Lady Hamilton* akzeptierte, nannte Mary Wollstonecraft eine »philosophische Schlampe«. Doch zu jener Zeit hatten Rousseaus Gesellschaftslehre und Amerikas demokratisches Beispiel das Verlangen der Menschen nach Freiheit bereits geweckt.

Frauen, schrieb Mary Wollstonecraft, würden künftig »nicht mehr zur belanglosen Größe herabgewürdigt, wenn man ihnen Selbstachtung ermöglicht und Zugang zu politischen und moralischen Aufgaben verschafft; und ich stehe nicht an zu behaupten, daß es sich dabei um die einzige Art handelt, wie man erreichen kann, daß sie sich ihrer häuslichen Pflichten in angemessener Weise entledigen.«

Für Mary Wollstonecraft war Unabhängigkeit die Hauptquelle des Glücks. »Jede uns von Mitgeschöpfen auferlegte Verpflichtung ist eine neue Fessel, sie beraubt uns eines Teils unserer angeborenen Freiheit und erniedrigt den Geist.« Das erklärte sie zu einer Zeit, da Unabhängigkeit bei Frauen als etwas Unnatürliches galt. Mit Bezug auf die Sexualmoral schreibt sie: »Zu welchem Zweck wurden uns Menschen Leidenschaften eingepflanzt? Damit wir im Ringen mit ihnen ein Maß des Wissens erlangen, das den wilden Tieren verwehrt ist.«

* Emma Lyon, Tochter eines Schmiedes. Sie kam als Kindermädchen nach London. Wegen ihrer außergewöhnlichen Schönheit fand sie viele Bewunderer und wurde die Geliebte mehrerer Männer von Stand. Als Gattin des englischen Botschafters in Neapel, Sir William Hamilton, wurde sie Nelsons Geliebte, was das Verhältnis der beiden Männer zueinander aber nicht trübte. (A. d. Ü.)

Verteidigung der Rechte der Frauen ist ein eigenartiges Buch, bei dem die edle, vernunftbetonte Argumentation deutlich mit Stil und Sprache kontrastiert. Letztere ähneln denen in *Irene Iddesleigh* in hohem Maße. Ähnliche Widersprüche weist Mary Wollstonecrafts Leben in Fülle auf.

Ihre Leidenschaften waren ausgeprägt und ließen sich leicht erwecken. Zwar vermochte sie sich ihnen nicht mit der Klarsicht zu stellen, die ihr Buch so bemerkenswert machte, doch sie äußerte sie in demselben schlechten, schludrigen und zügellosen Stil. Bei ihren Nachstellungen, die Fuseli* galten, der nichts von ihr wissen wollte, bei ihrer Affäre mit Gilbert Imlay (Vater ihrer Tochter Fanny), zu der es nur wenige Monate später kam, und auch, als sie später diesem Manne nachlief, der sich ihren Umarmungen entzogen hatte, bot diese wahrhaft edelmütige Frau von hohem Mut das Bild einer unansehnlichen Dido, die am Gestade auf eine leichtsinnige Rückkehr wartet. Verfolgung und Flucht gingen in allen Fällen mit ungeheurer Geschwindigkeit und Ausdauer vor sich, und trotz der seither verstrichenen Zeit erstickt uns der dabei aufgewirbelte Staub beinahe.

Doch der Gram um ihre verratene Liebe zu Imlay, der in ihrem grausigen Selbstmordversuch gipfelte (sie hat sich zweimal das Leben zu nehmen versucht), erfüllt uns mit Mitleid. Sie, der die Wahrheit in der Abstraktion so wichtig war, vermochte die Wahrheit nicht zu ertragen, die der Schmerz bedeutete: Ihr beträchtlicher und außerordentlicher Mut

* Fuseli: der Schweizer Maler Heinrich Füssli. (A.d.Ü.)

versagte und sank dahin, als sie erfuhr, daß ihre Theorien an ihrem eigenen Leben zuschanden geworden waren. Sie, deren Liebe zum Leben so groß gewesen war, daß sie gesagt hatte: »Mir ist der Gedanke unerträglich, nicht mehr zu sein – mich zu verlieren – nein, mir erscheint es unmöglich, daß ich nicht mehr auf der Welt sein könnte«, suchte beim Gedanken an Imlays Treulosigkeit so bedrückender Seelenschmerz heim, daß sie sich zu ertränken versuchte. Fast können wir sie vor uns sehen, wie sie eine Stunde lang durch den eiskalten Regen lief – ihre Kleider sollten sich voll Wasser saugen, damit sie rascher unterging –, bevor sie sich in den Fluß stürzte. Allerdings holte man sie wieder ins Leben zurück.

Wir sind dankbar, daß sie schließlich ihr Glück bei William Godwin fand, dem Autor von *The Rights of Man* (Die Menschenrechte) – doch es war nur von kurzer Dauer: Ein lange währendes Glück war diesem unter einem ungünstigen Stern geborenen Geschöpf nicht vergönnt. Mrs. Godwin starb bei der Geburt des Kindes, das später die zweite Gattin des Dichters Shelley werden sollte.

Dorothy Wordsworth
1771 - 1855

So sehr war das ganze Leben dieses vortrefflichen Geschöpfes auf die Schönheit und die Sorge eingestimmt, welche sie umgaben, daß sie, mit den Worten ihres Freundes de Quincey, »alles, was man ihr sagte, durch den Eindruck, den es erkennbar auf ihre Empfindungen hatte, zum Einklang mit den eigenen brachte. Die Lichtwellen schwingen nicht rascher und sind in ihrem Dahinströmen nicht unausweichlicher als die Bewegungen ihrer mitfühlenden Aufmerksamkeit, die Antwort und Echo zugleich waren.«

Für uns lebt sie in diesen Worten, wie auch in denen eines anderen und mit heftigerer Leidenschaft geliebten Freundes, nämlich Coleridge: »Sie ist wahrhaft eine Frau! an Herz und Geist, meine ich, denn ihr Äußeres ist, wenn man eine hübsche Frau zu sehen erwartete, unscheinbar; wenn man andererseits eine unscheinbare Frau zu sehen erwartete, fände man sie hübsch! ... Ihre Bildung ist vielseitig. Ihr Auge wachsam in minutiösester Beobachtung der Natur und ihr Geschmack ein perfektes Elektrometer. Es biegt sich, tritt hervor und zieht sich ein in der Richtung subtilster Schönheiten ebenso wie abstrusester Fehler.«

Sie nahm sich in ihrem Heim wie eine Göttin aus, und durch ihre Fürsorge und im Schein ihrer Liebe schien den bedeutenden Männern, denen sie ihr Leben widmete, die ganze Welt wie ein Zuhause. Sie lebte durch die Wärme des Feuers, das in erster Linie für William Wordsworth entzündet worden war, das aber auch Williams Frau Mary, deren Schwester Sarah Hutchinson sowie Williams und ihren gemeinsamen Freund Coleridge mitwärmte. Obwohl sie nur selten an sich selbst dachte, findet sich in dem Brief, den sie in ihrem sechzehnten Lebensjahr an eine gleichaltrige Freundin richtete, als sie bei ihren Großeltern lebte, wo sie sich »wie eine Fremde vorkam«, eine belustigende Spur von kindlicher Eitelkeit ... »So besitzt du also hochhackige Schuhe. Ich denke, daß ich noch eine ganze Weile damit warten werde, bin ich doch noch so klein und möchte ich so mädchenhaft wie möglich erscheinen ... Mein Haar trage ich so, daß es das Gesicht glatt umgibt, unten hat es eine Außenrolle. Wie trägst du deins? Die Bänder meines schwarzen Hutes habe ich unter dem Kinn verknotet, denn vorher sah er recht armselig aus.«

Sie kannte kein anderes Bedürfnis, als ihrem Bruder William den Haushalt zu führen, und das wurde 1795 möglich, weil ihm £ 900 als Legat ausgesetzt wurden. Das war zwar nur ein geringer Betrag, doch hoffte er, durch Schreiben mehr zu verdienen, und die Geschwister gründeten einen gemeinsamen Hausstand.

Wie glücklich und friedlich war jenes Leben, abgesehen von jener vorübergehenden Betrübnis um Annette, Williams erste Liebe, die ihm ein Kind gebar und die er hatte heiraten wollen, sowie von der lastenderen und schwärzeren Wolke, die ihrer beider Kummer um Coleridge aufziehen ließ, mit dem sie schließlich brachen.

Im Jahre 1794 begegnete Dorothy der damals achtzehnjährigen Sarah Hutchinson, deren Schwester später Williams Gattin wurde. Es war der Beginn ihrer Freundschaft. Im September 1795 trat Coleridge erstmals in das Leben dieser Menschen, doch ihre enge Freundschaft begann erst 1797.

Dorothy und das friedvolle Leben in Glasmere, wohin sie 1799 zogen, finden sich in ihrem Tagebuch mit noch größerer Eindringlichkeit als in den Erinnerungen ihrer Freunde an sie gespiegelt. So heißt es unter dem 31. August 1800: »Um elf Uhr kam Coleridge, als ich mich im hellen Mondschein ein wenig im Garten erging ... William hatte sich bereits zur Ruhe begeben ... Wir saßen und plauderten bis halb vier, Wm. in seinem Morgenrock. C. las uns ein Stück aus *Christabel* vor. Wir sprachen viel über die Berge.«

Doch im Jahre 1801 begann der lange Kummer um Coleridge. Seine unglückliche Ehe war zerrüttet, und er liebte Sarah Hutchinson. Seine Briefe wurden immer trübseliger. Dorothy notierte im Dezember in ihrem Tagebuch: »Wir erbrachen C.s Schreiben, und ich hatte genug Licht, um zu sehen, daß er nicht krank war. Ich steckte es in die Tasche, aber oben auf dem White Moss barg ich es an meinem Busen, dort war es sicherer.«

Der Kummer wurde tiefer, aber erst im Herbst 1804 trieben Gram und Krankheit Coleridge ins Ausland. Als er zurückkehrte, hatte sich seines Körpers ein ungewohnter Geist bemächtigt. Schon da sahen sie einen Fremden. Coleridge war, auch wenn sie es zu jener Zeit noch nicht wußten, bereits rettungslos dem Opium und Branntwein verfallen.

Doch daheim in Dove Cottage blieb der Friede ungetrübt, läßt man einmal die beträchtlichen Geldsorgen, den Ärger und im Fall Dorothys den Zorn über die Behandlung von Williams Gedichten durch die Kritik außer Betracht. Auch kamen neue Bewohner in jenes Paradies auf dem Lande. Im Jahre 1801 ehelichte William die Frau, die im Herzen bereits Dorothys Schwester war: Dorothy wurde ihre Stütze und Mitarbeiterin sowie Pflegerin ihrer Kinder.

Tatsächlich war sie Freundin und Pflegerin aller um sie herum. Coleridge kam zu einem Aufenthalt, der sich auf viele Monate ausdehnte, und brachte das entsetzliche Geheimnis mit, das bald niemandem mehr verborgen bleiben konnte. Dorothy stellte sich dem Kampf gegen jene Krankheit, so wie sie gegen Armut und andere Schwierigkeiten ankämpfte; doch nach vielen Wirren und Wechselfällen hörte die Freundschaft auf, und dies Ende war wie ein Tod. William hatte in seinem Bemühen, Coleridge zu beschützen, einen Freund, zu dem dieser für eine Weile ziehen wollte, auf dessen ernstes Leiden hingewiesen. Coleridge erfuhr davon, und das versetzte dem Vertrauen und der Liebe zu seinen Freunden den Todesstoß.

Zwar brachen die Umstände Dorothy das Herz, aber sie stand William in dieser Sache bei, wie sie ihm von ihrer beider Kindheit an in allem beigestanden hatte, bis hin zu jenen trüben Tagen, in denen der Geist schwand, der so lebendig und so glänzend gewesen war, und sie wurde wie »ein sehr kluges, tyrannisches, verzogenes Kind«, obwohl sie nach wie vor

»zeitweise sanftmütig« war und »der alten Zuneigung anhing«.

Diese Sanftmut wurde für eine kurze Weile im April 1850 erkennbar, als ihr Bruder im Sterben lag, dem sie die Welt zur Heimat gemacht hatte. Die Liebe, die sie für ihn empfand, hatte ihre Seele für eine verschwindend kurze Weile wieder in ihren Körper zurückkehren lassen.

Lady Hester Stanhope
1776 - 1839

Die unglaublichen, aber nichtsdestoweniger wahren romantischen Umstände ihres Lebens lassen uns dies eigentümliche, ungestüme Geschöpf voll Liebe und Leidenschaft unwirklich vorkommen, das einerseits etwas vom Wesen eines Meteors an sich hatte, andererseits aber Rasse und Schnelligkeit eines Rennpferdes besaß.

Diese temperamentvolle Tochter des Earls von Stanhope, die als Nichte des jüngeren Pitt* von 1803 bis zu seinem Tod im Jahre 1806 in dessen Haus lebte, irrlichterte eine Weile durch die Londoner Gesellschaft. Nachdem sie erkannte hatte, was von jenen Menschen zu halten war, entschwand sie auf immer, um Königin der Wüste zu werden.

Als ihr Verlobter Sir John Moore** 1809 bei einem Gefecht fiel, verbitterte ihren Kummer die Vermutung, daß seinem Andenken Unrecht geschehe. So

* William Pitt d.J. (1759-1806) war wie sein Vater (der erste Earl von Chatham) einer der führenden Staatsmänner des Landes. Den erlernten Beruf eines Anwalts übte er nicht aus, sondern ließ sich schon mit 22 Jahren ins Unterhaus wählen, wo er bereits ein Jahr später Schatzkanzler und mit nicht ganz 25 Jahren Premierminister wurde. Er setzte 1800 die Vereinigung von Großbritannien und Irland durch, weil er auf diese Weise die irische Frage politisch lösen wollte. Da es ihm nicht gelang, den Katholiken die erstrebte Gleichstellung zu verschaffen, trat er 1801 von seinem Amt zurück, in das er allerdings 1804 erneut berufen wurde. (A.d.Ü.)

** Britischer Offizier, Sohn des schottischen Romanautors John Moore. Er nahm u.a. am Feldzug gegen Napoleon auf spanischem Boden teil und fiel in der Nähe von La Coruña, nachdem er den Gegner lange hingehalten hatte. Dies Verhalten ist umstritten: Seinerzeit hielten ihm Kritiker vor, er habe damit einen Fehler begangen, heute neigt man zu der Annahme, daß er sich angesichts der Umstände richtig verhalten habe. (A.d.Ü.)

zog sie sich zuerst in die Berge von Wales zurück und verließ dann am 10. Februar 1810 in Begleitung eines Doktor Meryon, ihrer Zofe und eines Lakaien England, um nie wiederzukehren. Nach unerhörten Abenteuern fand sie bei Djoun auf einem Gipfel des Libanon-Gebirges ihre Ruhestätte.

Unterwegs sah sie tapfer der Pest ins Auge, durchquerte die Wüste und trotzte mit Erfolg feindseligen Stämmen. Als man ihr einmal sagte, ihre Anwesenheit gefährde den Stamm, mit dem sie umherzog, ritt sie unbegleitet in die Wüste hinaus, berittenen Beduinen entgegen, die mit geschwungenen Speeren auf sie zugaloppiert kamen. Gelassen wartete sie, bis sie nahe herangekommen waren, erhob sich dann in den Steigbügeln, nahm ihren »Gesichtsschleier ab, der die Schrecken ihres Anblicks verhüllte, machte langsam eine verächtliche Bewegung mit den Armen und schrie ihnen entgegen: ›Nur zu, vorwärts!‹ Die Reiter wichen vor ihrem Blick zurück, und aus dem drohenden Geschrei wurden Ausrufe der Freude und Bewunderung.« In Wahrheit handelte es sich bei diesen Männern um Angehörige eines freundlich gesonnenen Stammes, die ihre Unerschrockenheit auf die Probe stellen wollten.

Überall hatte man sie wie eine Monarchin auf Rundreise in ihrem Reich empfangen, und aus Damaskus schrieb sie, man sehe in ihr »das Orakel am Ort«, auch sei sie »bei allen Soldaten beliebt. Sie scheinen in mir eine Gottheit zu sehen, weil ich reiten kann und Waffen trage; und alle Fanatiker verneigen sich vor mir, denn die Derwische sehen mich als Wunder an und haben mir eine Reliquie von Mohammeds Grab verehrt.« Am 30. Juni 1813 schrieb sie: »Man hat mich unter dem Triumphbogen von Palmyra zur Königin der Wüste gekrönt … Sofern das mein Wunsch sein sollte, kann ich jetzt *ohne Begleitung* nach Mekka reisen. Ich habe nichts zu fürchten. Bald werde ich so viele Namen haben wie Apoll. Ich bin die Sonne, der Stern, die Perle, der Löwe, das Licht des Himmels und die Königin.«

Orientalisch gewandet, lebte sie im Libanon-Gebirge, beschäftigte sich mit Astrologie und den okkulten Wissenschaften und träumte vom Messias, der ihrer festen Überzeugung nach noch geboren werden mußte.

»In jungen Jahren habe ich die Menschheit verachtet«, sagte sie zu Lamartine, als dieser sie besuchte, »jetzt aber möchte ich nichts von ihr hören. Alles, was Menschen für andere zu tun vermögen, ist vergeblich; die Art und das Vorgehen dabei sind mir gleichgültig. Gott und Tüchtigkeit sind die Grundlage von allem.«

Elizabeth Fry
1780 - 1845

Dies edle Leben war aufgeteilt zwischen einem großen Werk der Menschlichkeit und einer herzlichen und gütigen Häuslichkeit – denn letztere litt nicht unter dem ersteren. Elizabeth Fry brachte sechzehn Kinder zur Welt, um die sich eine kluge und liebende Mutter kümmerte.

Die Tochter des Bankiers John Gurney aus Norwich tanzte in jungen Jahren gern und unternahm Ausritte in scharlachrotem Dreß. Sie sagte: »Ich gestehe, daß ich große Gesellschaften liebe.« Doch als sie fünfzehn Jahre alt war, fragte sie sich bei einem Besuch des Besserungshauses für Frauen in ihrer Vaterstadt: »Wenn das die Welt ist, wo ist Gott?«

Mit achtzehn Jahren trat sie bei den Quäkern ein und unterrichtete arme Kinder. Im Jahre 1800 heiratete sie den Bankier Joseph Fry und unternahm, nachdem sie nach London gezogen waren, zahlreiche Besuche in einer Schule und einem Armenhaus im Londoner Vorort Islington. Doch ihren wahren Beruf fand sie 1813, als sie in Begleitung von Sir Fowell Buxtons Schwester zum ersten Mal Newgate* aufsuchte.

* Seit mindestens dem Ende des 12. Jahrhunderts nachgewiesenes Gefängnis in einem Tor der Londoner Stadtmauer (vor ihm lag bis Ende des 18. Jahrhunderts auch die Richtstatt). Dies ursprünglich den übelsten Straftätern vorbehaltene Gefängnis war wegen seiner Überbelegung, des Mangels an Luft und Wasser und der immer wieder ausbrechenden Epidemien berüchtigt. Zur Zeit E. Frys wurden dort auch zusammen mit Schwerverbrechern Menschen eingekerkert, die ihre Schulden nicht bezahlen konnten. Anfang unseres Jahrhunderts wurde es abgerissen. Zu den namhafteren seiner Insassen zählten Daniel Defoe, Verfasser des *Robinson Crusoe*, William Penn, Gründer der Kolonie Pennsylvania und damit Vater des heutigen amerikanischen Bundesstaates, sowie John Wilkes, Abgeordneter im Unterhaus und Londons Lord Mayor. (A. d. Ü.)

In diese von Menschenhand geschaffene Hölle, in der Gott den Gefangenen wie ein Teufel erschienen sein muß, brachte diese große Seele die Tröstungen ihrer barmherzigen Menschenliebe. Der knappe Platz verbietet es mir, die in jener Hölle herrschenden Zustände zu beschreiben: So sei der Leser lediglich daran erinnert, daß man zwanzig Jahre nach jener Zeit ein mittelloses Kind von neun Jahren zum Tode verurteilte, weil es Kindermalfarben im Wert von vier Pennies gestohlen hatte. Nach langer Verschleppung wurde dieses Urteil zu guter Letzt revidiert – mit welchem Ergebnis? Es dürfte auf eine Deportation an die Botany Bay* hinausgelaufen sein. Das allein schon mag uns vor Augen führen, welchem Anblick sich Elizabeth Fry tagtäglich stellen mußte. Doch sie war unerschütterlich. Im Jahre 1817 gründete sie im Gefängnis eine Schule, an deren Spitze sie eine aus den Reihen der Insassen ausgewählte Gouvernante stellte. Ihr Schwager, Sir Fowell Buxton**, hat dem Unterhaus geschildert, unter welchen Zuständen die Strafgefangenen dahinvegetierten, und Mrs. Fry stützte ihn mit ihrer Aussage. Sie gründete einen Ausschuß zur Unterstützung der Gefangenen, und bald sahen Gefängnisbesucher »nicht mehr einen Haufen von der Gesellschaft aufgegebener schamloser angetrunkener, halbnackter Geschöpfe, die Wohltaten

* Strafkolonie an der Küste von Neusüdwales. (A. d. Ü.)

** Unterhausmitglied und Philanthrop, Gatte von E. Frys Schwester Harriet. Nicht nur setzte er sich für eine Gefängnisreform sowie eine Verbesserung der Lebensumstände der Schwarzen in Afrika ein, er hatte vor allem den Kampf um die Freilassung der Sklaven in allen britischen Kolonien auf seine Fahnen geschrieben. (A. d. Ü.)

eher forderten als erbaten. Das Gefängnis hallte nicht länger von lästerlichen Reden, Verwünschungen und unsittlichen Liedern wider.« Ein Besucher notierte: »Diese Hölle auf Erden erweckte den Anschein einer Manufaktur, in der fleißig gearbeitet wird, oder den einer wohlgeordneten Familie.«

So sehr hatten die Insassen des Newgate-Gefängnisses Elizabeth Fry ins Herz geschlossen, daß sie ihr zuliebe nicht einmal aufbegehrten, wenn sie zu ihrer Deportation eingeschifft wurden.

Während all dieser Zeit hatte sie ihr eigenes gerüttelt Maß an Seelenschmerz und Sorgen: Ein Kind starb, sie mußte ihr geliebtes Heim aufgeben, weil eine Firma in Konkurs ging, der ihr Mann geschäftlich verbunden war. Doch sagte sie, das Reich Gottes gewinne an Boden, und »sein gesegneter und friedlicher Einfluß nimmt zu«.

Inzwischen hatte Mrs. Fry erreicht, daß man in den meisten Frauengefängnissen statt der bis dahin üblichen männlichen Wärter Aufseherinnen einsetzte. Sie gründete in ganz England Komitees und korrespondierte häufig mit Menschen, die in verschiedenen Ländern Deutschlands wie auch in Frankreich und Rußland Gefängnisse besuchten. Ihr Einfluß in Rußland war so groß, daß der Zar, als er 1827 bei einem Besuch die Schuldnerzelle eines Gefängnisses betrat, zu drei alten Männern sagte, die ihn kniefällig um Gnade anflehten: »Steht auf, eure Schulden sind beglichen«, obwohl sich diese auf einen hohen Betrag beliefen. In Kopenhagen sprach Mrs. Fry persönlich mit dem dänischen Königspaar über die Sklaverei, den Zustand der Gefängnisse und die Verfolgung, der verschiedene Sekten ausgesetzt waren. Ähnlich verfuhr sie in den Niederlanden. Auf ihre Intervention hin wurden im Königreich Hannover den Häftlingen die Ketten abgenommen, und ihrem Dazwischentreten ist es auch zu verdanken, daß in Rußland die Verfolgung der Lutheraner aufhörte. Man liebte sie abgöttisch, und wenn sie unterwegs war, hätte man glauben können, sie sei eine Monarchin auf der Rundreise durch ihr Reich – so große Volksmengen strömten zusammen, wohin sie kam, und die Menschen drängten sich danach, ihre Hand zu berühren.

Dabei war ihr Wirken zugunsten der Gefangenen keineswegs alles, was sie tat. Sie sprach auf Versammlungen zur Abschaffung der Sklaverei; sie richtete ein Heim für Krankenschwestern ein, die bereit waren, sich ohne Bezahlung der Armenpflege zu widmen. Überdies gründete sie das Nationale Institut zum Schutz von Dienstboten, das nicht nur Erkundigungen über Arbeitgeber *und* Angestellte einzog, sondern auch für alte Dienstboten Pensionsgelder und eine Bleibe zur Verfügung stellte. Auch ist es ihren Bemühungen zu verdanken, daß eine ganze Reihe von Bibliotheken für Küstenwachstationen eingerichtet wurde.

Als Mrs. Frys alter Freund, der König von Preußen, im Jahre 1842 England bereiste, aß er mit ihr zu Mittag und besuchte am folgenden Tag mit ihr und ihrem Bruder Samuel Newgate. Mrs. Fry, erfahren wir, »betete sehr anrührend, wobei der König und die Gefangenen um sie herum knieten und *allen* Tränen in den Augen standen«.

So sah das Leben dieser Frau aus, die über das Gebet gesagt hat: »Es ist stets in meinem Herzen. Ich denke, daß das Herz noch im Schlaf erhoben wird.« Und als sie im Sterben lag, flüsterte sie: »Liebe, nichts als Liebe, mein Herz ist von Liebe zu allen Menschen erfüllt.«

Jane Welsh Carlyle
1801 - 1866

Über das Leben dieses bezaubernden, ruhelosen, eigensüchtigen, widerspenstigen Geschöpfes, in dessen Adern das Blut des John Knox und einer »Zigeunersippe« floß, jener Frau, die schrieb: »Lieber würde ich in der Hölle bleiben – der Hölle, die ich mir mit meinem unaufhörlichen *Tatendrang* selbst schaffe –, als diese kraftlose Trägheit hinzunehmen«, könnte man sagen, daß sie ebensosehr von den Umständen aufgefressen wurde, unter denen sie lebte, wie von dem bedeutenderen Wesen, an das sie gebunden war. Doch war ihr Leben nicht wie jenes der Esther Johnson und Dorothy Wordsworth edlen Zielen geweiht; es wurde gegen ihren Willen verzehrt und aufgesogen. Sie liebte, wollte aber auf eine Weise lieben, die ihr mehr von Nutzen war als dem Gegenstand jener Liebe.

All ihr Unglück ließ sich, wie man inzwischen annimmt, auf tragische und tief verwurzelte Gründe körperlicher Art zurückführen. Doch ihr Leiden hing zum Teil auch damit zusammen, daß der Mann, dessen naturtiefe Liebe zu ihr so zärtlich und so umfassend war, seine Liebe zwar in der Seele bewahrte oder mit der Feder aufzeichnete, sie aber nur selten in schlichten, alltäglichen Äußerungen zu erkennen gab, die ihr so viel bedeutet hätten. Keiner von beiden vermochte die dem anderen selbstverständlichen Bedürfnisse nachzuempfinden. Während Jane weder imstande war einzusehen, daß Carlyle während seiner Arbeitsstunden das Bedürfnis nach Alleinsein und anschließend, wenn er erschöpft war, nach Stille und Schweigen empfand, konnte Carlyle ihre Eitelkeit und ihr Bedürfnis nach Schmeichelei nicht nachvollziehen. Was er zu verstehen vermochte, aber häufig vergaß, war, daß der Mensch von Natur aus schwach ist.

Jane Welsh wurde als junges Mädchen von Menschen umschwärmt, die sie nicht nur wegen ihrer unleugbaren Schönheit bewunderten, sondern auch wegen ihrer angeblichen Begabungen. »Ohne Carlyle wäre Mrs. Carlyle eine Autorin geworden«, riefen spätere Bewunderer aus; doch waren ihre Talente in Wahrheit die einer intelligenten und gewitzten jungen Frau, ohne daß sie über schöpferische Fähigkeiten verfügt hätte. Munter und bezaubernd, hatte sie stets ihre Welt beherrscht. Dann heiratete sie einen Mann, angesichts dessen Genies ihre eigenen bezaubernden kleinen Gaben keine größere Bedeutung hatten als eine Kerzenflamme im Licht des Tages, und zugleich einen Mann, dessen Selbstsucht ebenso allumfassend wie ihm selbst unbewußt war.

Seither gab es in ihrem Leben zwei Aufgaben. Die erste hieß: über sich nachzudenken. Diese selbst auferlegte Pflicht war ihr kongenial, nicht aber Carlyle. Die zweite hieß: über Carlyle nachzudenken, und diese ihr von Carlyle auferlegte Aufgabe erschien ihr minder angenehm. Sie konnte sich nicht vorstellen, daß sie je unrecht hatte. Außerdem hatte sie die Möglichkeit, sich bei ihren Freunden über Carlyle zu beklagen, und tat das auch. Das Leben in Craig (einem frühen Zuhause) war zweifellos trostlos; es war ein Leben der Armut, schwerer, ermüdender häuslicher Arbeiten und unaufhörlicher Sorgen. Dann zog das

Paar nach London, und der Ruhm des großen Mannes verbreitete sich immer glänzender. Doch für Jane änderte sich das Leben eigentlich nicht. Bellende Hunde sowie klavierspielende junge Leute brachten Carlyles ungeborenes Werk um, und er schritt, die Finger in die Ohren gestopft, im Hause auf und ab. Es lag auf der Hand, daß er ein anderes Zimmer brauchte, wollte er Schutz vor dem Lärm finden. Er bekam es. Kaum hatte er es, ließen sich lautstark andere Hunde, unfähige Klavierspieler und unaufhörliches Pfeifen vernehmen. Jane war von den Kopfschmerzen, die bereits begonnen hatten, ihre Gesundheit zu unterminieren, blind benommen und elend, aber sie mußte mit Gipsern, Anstreichern und Maurern verhandeln, und es mußte gehämmert werden. Knurrend betrat und verließ Carlyle das Zimmer seiner Frau oder schwieg sie stundenlang an. Er hatte Wutanfälle, bei denen er sie ohne Rücksicht auf ihre Kopfschmerzen anschrie. »Ach!« schrieb er in sein Tagebuch, »wäre ich doch nur ein wenig gesünder!«

Ein Freund drängte Carlyle, »seine in voller Blüte stehende Eva aus seinem verfluchten Paradies hinauszuschaffen«. Doch sie blieb in diesem verfluchten Paradies und sah in ihren fadenscheinigen Kleidern zu, wie modisch herausgeputzte feine Damen dem arglosen Carlyle nachstellten. Über all diesen Schwierigkeiten dräute der Einfluß Lady Harriet Barings (deren Gatte später Lord Ashburton wurde). Über diese Frau schrieb Carlyle, sie besitze »die Seele einer Hauptmännin«.

Das stimmte auch, und Mrs. Carlyle sollte die Wahrheit dieser Aussage erfahren. Zwar zog Lady Harriet »die Gesellschaft von Männern vor«, war aber freundlich zu der schäbig gekleideten, unbedeutenden Frau des großen Mannes. Ihrer Stellung und ihrer Seele sicher und gewiß, nahm sie auch noch so offen vorgetragenen Groll einfach nicht zur Kenntnis.

Carlyle widmete sich ihr ständig und fragte sie in allem um Rat. Sie kümmerte sich um alles und befand, man brauche Mrs. Carlyles Kopfschmerzen keinerlei Aufmerksamkeit zu zollen; wohl aber müsse man sie veranlassen, ein gesünderes Leben zu führen.

Im Jahre 1855 starb sie, zu Carlyles großem Kummer. »Ihr Werk«, schrieb er, »das wir ein bedeutendes und edles Ertragen des Mangels an Arbeit nennen wollen, ist vollständig getan.«

Mrs. Carlyle, von der niemand je erwartet hatte, daß sie ein bedeutendes Ertragen eines Mangels an Arbeit bewies, legte kein Mitgefühl an den Tag. Sie war härter geworden und wurde überdies in ihrer Gekränktheit von den Schmeichlern bestärkt, die sie in ihrer Einsamkeit an sich herangelassen hatte; vor allem von einer hysterischen jungen Frau, Miss Geraldine Jewsbury, zu der sie eine unangebrachte Freundschaft pflegte.

Im Jahre 1863 wurde Janes sich ständig verschlimmernde Krankheit als Ergebnis eines furchtbaren Unfalls, dessen Schwere man Carlyle verheimlichen mußte, damit er ihn nicht zu sehr bekümmerte, zu einer allumfassenden Erkrankung des Nervensystems. In ihrem Gefolge kam es, wie ihr Gatte schrieb, zu »einer solchen Überflutung mit unaussprechlichen, unvermeidbaren Schmerzen, wie ich es noch nie gesehen habe oder für möglich gehalten hätte«. Obwohl Betäubungsmittel diese Schmerzen nicht zu stillen vermochten, konnte Jane Carlyle das Haus von Zeit zu Zeit verlassen. Bei einem dieser seltenen Ausflüge sah der Kutscher, als er sich zu ihr umdrehte, weil er auf eine Anweisung von ihr wartete, daß sie tot war: So allein, wie sie gelebt hatte, war sie dahingegangen.

»Schwacher kleiner Liebling«, schrieb mit gebrochenem Herzen der Mann, der sie geliebt hatte, »nun wird dein Schlaf nicht mehr enden ... Und niemand mehr auf dieser Welt wird bei mir wachen, wenn der Schlaf mich flieht.«

Und wir denken an den erschütternden Brief, den er ihr 1858 geschrieben hatte. »Meine arme kleine Jeanie, meine arme, stets mir aufrichtig ergebene Lebensgefährtin. Wir hatten eine beschwerliche Lebens-Pilgerschaft miteinander, manch schlechtes Stück Weg ... wenig war so, wie ich es dir gewünscht hätte ... ach, vergib mir, was ich gedankenlos getan und unterlassen habe ... zu allen Zeiten weit, weit entfernt vom armseligen Vorsatz meines Denkens.«

Grace Darling
1815 - 1842

Am 7. September 1838 lief aus dem Hafen von Hull auf dem Höhepunkt der schottischen Herbstsaison bei gutem Wetter die *Forfarshire* aus. Sie war in jenem Jahr, in dem vor Großbritanniens nördlichen Küsten die Dampfschiffahrt begann, der in jenen Gewässern größte Dampfer. Sein Ziel war Dundee, und an Bord hatte er Kaufleute mit ihren Gattinnen sowie vermögende Sommergäste, die aus den Ferien heimkehrten. Schon vor Anbruch des folgenden Tages geriet die *Forfarshire* in den wütendsten Sturm, den man seit einer vollen Generation dort an der Küste erlebt hatte.

Um vier Uhr erstieg am Morgen des 8. Grace, die zweiundzwanzigjährige Tochter William Darlings, der auf einer der wilden und zerklüfteten Farne-Inseln vor der Küste Northumberlands Leuchtturmwärter auf Longstone war, am Ende der Nachtwache die Treppe zum Laternendeck.

Schon ihr Großvater war Leuchtturmwärter gewesen, die Mutter entstammte einer alten Familie, die im 14. Jahrhundert ein großes Rittergut besessen hatte, und einer ihrer Vorfahren war im Jahre 1323 Constable* von Bamburgh gewesen.

Von klein auf lebte Grace in dieser wilden Umgebung. Sie kannte keine anderen Blumen als jene, die in Lee, einer steil abfallenden Klippe, auf einem aus dem Mist von Seevögeln bestehenden Untergrund wuchsen. Ihre Biographin Constance Smedley schrieb: »Was ihr an Land inmitten der Wasserwüste

* Kronbeamter, der für die Einhaltung von Recht und Ordnung zu sorgen hatte. (A. d. Ü.)

festen Halt bot, war Bestandteil der wilden und ungestümen Kräfte, die stets dort tobten.« Es war ein Landstrich, den einst die Wikinger verwüstet hatten, das unzugängliche Land, in dem die frühe Christenheit mit den Kräften der Schwarzen Magie im Kampf gelegen hatte. War im Winter Fleisch von Schlachttieren schwer zu beschaffen, trat das verschiedener Wildenten an seine Stelle. Wegen der dort tobenden Stürme konnte man kein Geflügel halten, und so verzehrte man die Eier von Seevögeln und sammelte die Daunen der Eiderente, mit denen Kissen, Matratzen und Bettdecken gefüllt wurden. Da die Räume im Leuchtturm keine geraden Wände besaßen, hatte die Familie in einem davon Betten rundherum in die Wände eingelassen; ein weiterer Raum enthielt zwei Stellagen mit ausgestopften Seevögeln sowie das Spinnrad der Mutter. Die Zeit vertrieben sich die Eltern Darling wie auch Grace und ihre acht Geschwister mit Näh- und Strickarbeiten; auch wurde gelesen: religiöse Literatur, Werke von Baxter, Hervey sowie Miltons *Verlorenes Paradies*. Außerdem gab es im Leuchtturm Bücher über Geographie und Reisen sowie zahlreiche Landkarten.

Als Grace jetzt hinaussah, erkannte sie auf Harker's Felsen einen riesigen schwarzen Rumpf ... »vermochte aber wegen der Dunkelheit nicht zu sehen«, wie ihr Vater in seinem Bericht an Trinitiy House* schrieb, »ob sich noch Menschen an Bord des gescheiterten Schiffs befanden«. Da es aber durchaus mög-

* Die seit dem 16. Jahrhundert bestehende Corporation of Trinity House in London ist als Aufsichtsbehörde zuständig für Leuchttürme, Feuer-

lich war, daß sich Überlebende an das Wrack klammerten, schien es Grace ganz natürlich, mit dem »cobble«** über das tosende Meer hinüberzurudern, um zu helfen. Ihrem Vater war klar, daß der Versuch, bei einem solchen Sturm das Boot, das schon bei gewöhnlicher grober See nur von drei Männern gerudert werden konnte, über die unter der Wasseroberfläche lauernden Felsen und Sandbänke zu bringen, nicht gelingen konnte. Da sich jedoch seine Söhne auf dem Festland befanden, hatte er keine andere Hilfe als diese junge Frau von weniger als einem Meter sechzig und mit zarten Handgelenken. Doch Grace erklärte, falls ihr Vater nicht hinüberrudere, werde sie es allein tun. Also brachen sie auf – Grace in ihrem Gewand aus grünem und weißem Musselin, über das sie einen kleinen Umhang geworfen hatte, der Vater in seinem Ölzeug. Wie sie es fertigbrachten, den Fels zu erreichen, wird stets ein Geheimnis bleiben, aber es gelang ihnen. Dort fanden sie die verzagten und verängstigten Überlebenden vor, die einander bekämpften, um von dem entsetzlichen Wrack auf das Fischerboot und damit in Sicherheit zu gelangen. Es hatte den Anschein, als sei es unmöglich, die Fahrt mit dem »cobble« noch einmal zu vollbringen, doch sie gelang. Überlebende von jenem Wrack zu bergen

schiffe, Seezeichen und Wracks vor den Küsten von England, Wales, den Kanalinseln und Gibraltar; darüber hinaus lizenziert sie Lotsen und unterstützt in Not geratene Seeleute und deren Angehörige. (A. d. Ü.)

** Auch »coble«, ein bis zu 6 m langes und 1,5 m breites flachbödiges Fischerboot mit geradem Heckspiegel, das gewöhnlich mit drei Paar Riemen und einem Loggersegel ausgerüstet ist. (A. d. Ü.)

war aussichtslos erschienen, aber es geschah. Grace Darling und ihr Vater hatten sich auf einen Kampf gegen die See eingelassen und ihn gewonnen.

Bis zum letzten Tag ihres Lebens vermochte Grace Darling an ihrer Handlungsweise nichts Außergewöhnliches zu sehen. Sie war Tochter und Enkelin von Leuchtturmwärtern. Schon früher hatte ihr Vater Hunderten von Menschen das Leben gerettet, aber sie wurde der Stolz der Nation.

Immer wieder wurde sie porträtiert; Bewunderer bestürmten sie, ihnen eine Locke zu schenken; man überschüttete sie mit Lobreden und Geschenken. Sie bekam eine vergoldete silberne Uhr geschenkt, eine kleine Leibrente ausgesetzt. Aber man hatte ihr ein Kleid aus richtiger Seide versprochen, das sie nie bekam; und dabei hatte sie sich ihr ganzes Leben lang nach einem solchen Kleid gesehnt.

Der Frieden jener glücklichen Tage im Leuchtturm war dahin. Sie war erst siebenundzwanzig Jahre alt, als sie starb. Die dankbare Nation führte ihren Tod darauf zurück, daß sie sich an jenem entsetzlichen frühen Morgen unterkühlt habe. Aber ihre Angehörigen wußten es besser. Grace war am Ende ihrer Kräfte; aufdringliche Bewunderer hatten das unerschrockene Geschöpf ins Grab getrieben.

Emily Brontë
1818 - 1848

Das Leben dieser genialen Frau ist wie der Wind und der Regen. Es gab darin keine äußerlichen Vorfälle und nur wenige Marksteine. Einmal, im Alter von sechs Jahren, führte ihr die Überschwemmung von Crow Hill eine Vision des Jüngsten Gerichts vor Augen. Charlotte schrieb über Anne, daß »eine Wolkensäule ständig vor ihren Augen dahinzog; sie wartete sogar am Fuße eines geheimen Sinai und lauschte in ihrem Herzen auf den Klang einer über lange Zeit hin ertönenden und immer lauter hallenden Trompete«. Doch das galt noch mehr für Emily. Dann kam die Nacht, in welcher der an Schwindsucht dahinsiechende, arme, abgezehrte und enttäuschte Branwell sein Bett in Brand steckte und Emily es löschte und ihn über seine Ängste hinwegtröstete.

Das waren äußerliche Vorfälle, doch abgesehen von ihnen verlief jenes wilde Leben im Herzen und im Geist. Die Veröffentlichung von *Poems by Currer, Ellis, and Acton Bell** (für die sie aus eigener Tasche aufkamen) und das unendlich bedeutsamere Erscheinen von *Sturmhöhe* im Jahre 1847 waren die herausragenden Ereignisse ihres Lebens.

Menschen, die ihr bequemes Auskommen hatten, zeigten sich von der Schweigsamkeit dieses jungen Niemand beunruhigt. »Vor langer Zeit war hier eine Miss Brontë«, wurden Anfragen nach einer neunzehnjährigen Lehrerin beantwortet, die in Law Hill, Southouram eintrafen. Ein im Bezirk tätiger Inge-

* Charlotte, Emily und Anne Brontë veröffentlichten ihre Bücher unter diesem Pseudonym. (A. d. Ü.)

nieur vermochte lediglich zu sehen, daß die drei Damen Brontë »geistesabwesend, unnahbar und von kleinem Wuchs« waren, »eine große Nase und rotes Haar hatten. Es fiel auf, daß sie eine Brille trugen, bedeutende Geistesgaben erkennen ließen, aber den Blick ständig gesenkt hielten, sehr stumm waren und sich betont von allen Menschen fernhielten.«

Emilys Aufenthalt in Monsieur Hégers Pensionat in Brüssel kann man nicht als gesellschaftlichen Erfolg bezeichnen. Die Mädchen kicherten beim Anblick ihrer merkwürdigen Kleider. Mrs. Jenkins, die Gattin des Kaplans, lud die junge Frau sonntags nicht mehr ins Haus ein, weil sie von so befremdlicher Schweigsamkeit war. Die Töchter eines Doktor Wheelwright wären gern mit Charlotte umhergezogen, hätten sie dann nicht auch deren langweilige Schwester Emily mitschleppen müssen.

Sie kehrte nach Hause zurück, buk Brot, unternahm mit ihrem Hund Spaziergänge im Ödland und wurde abends von der staubtrockenen, umständlichen Konversation des guten alten Mr. Brontë eingehüllt.

Nicht lange nach Branwells Tod wurde erkennbar, daß auch sie sterben mußte. Ihre Schwestern wären ihr in jener Stunde gern ein wenig nähergekommen, wußten aber nicht, wie sie das anstellen sollten. Sie liebten sie, aber niemand hatte sie je verstanden. Wie hätten sie das auch können? Sie war kein Geschöpf dieses warmen menschlichen Lebens, ihr Zuhause war nicht mit Händen erbaut.

George Eliot
Mary Ann Evans
1819 - 1880

Mit den Worten »Ein wunderliches und aufsässiges Mädchen, von bleicher Gesichtsfarbe und finsterer Miene« beschrieb Mary Ann Evans' Mutter diesen beunruhigenden Abkömmling. Das Mädchen machte mit dreizehn Jahren einen so reifen Eindruck, daß man sie für eine fünfundzwanzigjährige Bekannte hielt, und eine Mitschülerin sagte, man könne sich unmöglich vorstellen, daß sie je ein Säugling gewesen sein solle.

Leben und Werk dieses unbehausten Geschöpfes, das sich nach geistigen Kontakten sehnte, folgten dem gleichen Muster: Eine gewisse Schwerfälligkeit und Unbeweglichkeit ging Hand in Hand mit wahrhaft edlen Ansichten. Das waren ihre Hauptmerkmale, zu denen die lebenslange Suche nach etwas kam, »das die herrlichen Eindrücke dieses geheimnisvollen Lebens verbinden und ihrer Seele das Gefühl vermitteln würde, darin zu Hause zu sein«.

Es gab bei ihr Augenblicke der Unentschiedenheit. In jungen Jahren nahm sie davon Abstand – wie sie es eigentlich vorgehabt hatte –, ein Oratorium zu besuchen, weil sie sich nicht entscheiden konnte, »ob solche Zurschaustellung von Begabung schicklich oder rechtens« sei; sie konnte nicht glauben, »daß ein Vergnügen, bei dem man alle Zeit und alle Kräfte eines unsterblichen Wesens darauf verwendet, sich in einer (zumindest in neunundneunzig von hundert Fällen) so nutzlosen Fertigkeit zu vervollkommnen, seinem Wesen nach ausschließlich gut oder erhebend sein kann«. Doch besuchte sie zwei Jahre nach dieser Äußerung das Festival von Birmingham und lenkte die

Zuhörerschaft durch ihr geräuschvolles Schluchzen in beträchtlichem Maße ab. Von den Vergnügungen und Interessen ihrer frühen Jahre läßt sich nicht sagen, sie seien oberflächlich gewesen oder es habe ihnen an Ernst gemangelt. Ihre ersten Freunde waren ein Mr. Bray, ein wohlhabender Fabrikant von Textilbändern und Verfasser der Werke *The Education of the Feelings* (Über die Erziehung der Empfindungen) sowie *The Philosophy of Necessity* (Die Philosophie der Notwendigkeit), der sich mit Phrenologie beschäftigte, wie auch seine Frau, aus deren Feder ein Werk stammte, das dazu aufforderte, Tieren Mitgefühl entgegenzubringen. Als Ergebnis dieser Freundschaft wurde Miss Evans »störrisch« und von tiefen religiösen Zweifeln erfaßt. Im Jahre 1843 jedoch besuchte sie »zum ersten und letzten Mal« ein öffentliches Tanzvergnügen, wie uns ihre Biographin, Miss Haldane, mitteilt. Sie fügt hinzu: »Vielleicht, weil es nur wenige Tänzer gab und die Ergebnisse enttäuschend waren.«

Nach dem Tod ihres Vaters erweiterte sich im Jahre 1875 der Kreis ihres recht eingeschränkten gesellschaftlichen Lebens dadurch, daß sie von Coventry nach London reiste, wo sie am Strand* eine Weile in der von Chapman, Herausgeber der *Westminster Review*, und seiner Frau betriebenen Pension lebte. Mary Ann Evans war Chapman in gewissen literarischen Fragen behilflich, und ihrer beider Freundschaft führte zum Unfrieden mit Mrs. Chapman, doch scheinen sich die Wogen nach einer Weile geglättet zu haben. Im Hause des Ehepaars Chapman

* Name einer Londoner Straße. (A. d. Ü.)

lernte Miss Evans Herbert Spencer kennen, damals einunddreißig Jahre alt, ein Jahr jünger als sie selbst.

Es scheint sicher, daß sie zu einem bestimmten Zeitpunkt Mr. Spencer ihre Zuneigung geschenkt hat, doch war dieser, obwohl er ihr ergebener Freund blieb, nicht imstande, irgendwelche zärtlichen Empfindungen aufzubringen, schien sie ihm doch (wie er sich in späteren Jahren zu erinnern bemüßigt fühlte) »von morbider Intellektualität, ein kleines Hirn im Zustand ungezügelter Tätigkeit. Außerdem war ihre Nase zu lang.« Doch gestand er ein, sich bei Gesellschaften stets an ihrer Seite gehalten zu haben, und zweifellos begleitete er Miss Evans beim Besuch von Oratorien, »conversaziones« und anderer Kurzweil. Schließlich führte diese Freundschaft dazu, daß sie George Henry Lewes kennenlernte, den literarischen Herausgeber von *The Leader* und Verfasser einer *Biographical History of Philosophy*. Zwar hatte ihn im Jahr zuvor eine treulose Ehefrau mit drei Kindern sitzengelassen, um die er sich kümmern mußte, doch war aus irgendwelchen Gründen an eine Scheidung nicht zu denken. Dieser von Pockennarben förmlich übersäte, unkomplizierte Mann von kleinem Wuchs wurde für Mary Ann Evans das teuerste aller Wesen, und sie sah ihn bis zu dem Tag als ihren Gatten an, da ihn der Tod von ihrer Seite nahm. Im Jahre 1854 brach sie mit ihm zu einer Reise nach Weimar auf. »Sofern es in meinem Leben eine wirklich ernsthafte Beziehung gibt«, schrieb sie später in einem Brief an einen Bekannten, »ist es die zu Mr. Lewes.« Seine Söhne (der älteste war fast achtzehn Jahre alt) nannten sie »Mutter«. »Wir wollen«, teilte sie dem Bekannten mit, »einander voll Liebe beistehen, Vater, Mutter und Söhne.«

In der Tat war das Leben dieser Familie voll beständiger Hingabe und stillen, ungefährdeten Glücks, durch das Mary Ann Evans zur Ruhe gelangte. Sie konnte den Glanz der neuen Welt, die sich vor ihr öffnete, nicht glauben, als sie mit nahezu vierzig Jahren ihren ersten Roman veröffentlichte, den Dickens und Thackeray sogleich rühmten. Wie treffend waren in den meisten Fällen die Rezensionen, mit denen man ihr Werk würdigte! Gewiß, *Adam Bede* war kein Lesestoff für junge Mädchen, doch veranlaßte *Szenen aus dem Leben der Geistlichkeit* Mrs. Carlyle zu der Bemerkung, Mr. Eliot (zu jener Zeit war noch nicht bekannt, wer sich dahinter verbarg) müsse »ein Mann mittleren Alters sein. Er besitzt eine Frau, der er diese wunderbaren *weiblichen* Glanzlichter im Buch verdankt, eine ganze Schar von Kindern und einen Hund! Kein Gottesmann, wohl aber Bruder oder Vetter eines solchen.«

In späteren Jahren war sie, die wegen ihrer unkonventionellen Bindung keine Frau in ihr Haus einlud, sofern diese nicht ausdrücklich Wert darauf legte, und die Lewes nicht begleiten durfte, als man ihn an den Hof von Weimar befahl*, so angesehen, daß sie »in ausgesuchter Gesellschaft bei Mr. (Lord) Goschen** dinierte, dem Kronprinzenpaar wie auch

* Hier irrt Dame Edith: Lewes wurde nie an den Hof von Weimar gerufen. (A.d.Ü.)

** George Joachim Goschen, 1831-1907. Liberaler Staatsmann, Erster Lord der Admiralität von 1871-1874. (A.d.Ü.)

Dean Stanley usw. vorgestellt« wurde. Als sie erkrankte, ließ sich Königin Victoria nach ihrem Gesundheitszustand erkundigen. Das große Haus nahe Godalming, in dem das Paar seine letzten Jahre verbrachte, sah zahlreiche Gesellschaften, und obwohl es, wie ein Augenzeuge schrieb, »für die meisten Frauen eine Qual bedeutete, vor einer ihrem Wesen nach so kritischen Gesellschaft sprechen zu müssen, geleitete die Gastgeberin sie mit denkbar herzlichem Gesichtsausdruck durch diese Prüfung«.

Im Jahre 1878 starb Lewes zu Mary Anns unaussprechlichem Kummer. Achtzehn Monate später heiratete die einsame Frau J. W. Cross, ihren und seinen ergebenen Freund. So konnte sie sich zumindest auf dessen Anhänglichkeit stützen; doch nicht sehr lange, denn am 22. Dezember 1880 verschied auch sie, und ihre Vereinsamung, die auf das Dahinscheiden der großen und getreuen Liebe ihres Lebens gefolgt war, hatte ein Ende.

Gegenwärtig erscheint es mir schwierig, ihr Werk zu lesen, doch muß gesagt werden, daß sie das Leben am heimischen Herd, die kleinen Dinge des Lebens, den Alltag mit Goldstaub überzogen hat. Es ist durchaus möglich, Zuneigung für eine Frau zu empfinden, die nach der Pariser Revolution von 1848 schreiben konnte: »Ich würde mich einverstanden erklären, müßte ich ein Jahr meines Lebens als Preis dafür geben, daß ich einer Szene hätte beiwohnen dürfen wie jener, da man sich auf den Barrikaden vor dem Bild Christi verneigte, der die Menschen als erster Brüderlichkeit gelehrt hat.«

Florence Nightingale
1820 - 1910

Florence Nightingale, Tochter eines reichen Vaters, wurde in ein Leben überaus behaglicher Lebensumstände und grenzenloser Nutzlosigkeit hineingeboren. Aber sie war von der Festigkeit besten Stahls und legte gegenüber »Engeln ohne Hände« (wie sie Menschen nannte, die sich als Wohltäter gerierten, dabei aber keinesfalls mit Elend und Not in persönliche Berührung kommen wollten) eine vornehme Herablassung an den Tag. Ihr Leben lang kämpfte sie ohne Unterlaß auf der Seite der Unglücklichen, Armen und Verlassenen gegen Dummheit, Selbstgefälligkeit und Selbstgerechtigkeit.

»Ihre Stellung«, schrieb Sydney Godolphin Osborne, der sie auf der Krim besuchte, »erforderte den Mut eines Cardigan*, den Takt und das diplomatische Geschick eines Palmerston**, die Ausdauer eines Howard*** und die unbeschwerte Menschenfreundlichkeit einer Mrs. Fry. Diese Stellung füllte Miss Nightingale aus.«

»Sie hatte«, sagte er, »nicht die mindeste Angst vor Ansteckung. Ich habe erlebt, wie sie Stunden bei

* James Thomas Brudenell, siebter Earl of Cardigan. Dieser Kavallerieoffizier, der beständig Kontroversen mit seinen Vorgesetzten hatte, führte im Krimkrieg 1854 bei Balaclava die berühmt gewordene Attacke der leichten Reiterei an (vgl. Tennysons Gedicht »The Charge of the Light Brigade«). (A. d. Ü.)

** Henry John Temple, dritter Viscount Palmerston, Befürworter des Freihandels, britischer Außen- und Premierminister. (A. d. Ü.)

*** Vermutlich John Howard (1726-1790), ein Philanthrop, der sein Leben nicht nur einer Gefängnisreform in England widmete, sondern sich allgemein um die Linderung von Not bemühte (beispielsweise bei den Überlebenden des großen Lissabonner Erdbebens von 1755). (A. d. Ü.)

Männern verbracht hat, die an Cholera oder Typhus starben.«

Das war die Frau, die im Oktober 1854 an der Spitze von achtunddreißig Angehörigen ihres Berufes zur Krim aufbrach, nachdem sie sich drei Jahre zuvor gegen den Willen der Familie zur Krankenschwester hatte ausbilden lassen.

In dem Lazarett, das sie in Scutari vorfand, herrschten entsetzlichere Zustände als in Europas schlimmsten Elendsquartieren; es war über offenen Abwassergräben erbaut, aus denen die verpestete Luft in die Krankenzimmer strich, und nur auf das dürftigste, wenn überhaupt, mit Bettzeug, einer Ausrüstung für Operationen, ärztlichem Material oder Kochgelegenheiten für Invalide versehen.

»Das Ungeziefer wäre imstande«, schrieb Miss Nightingale (am 4. Januar 1855) an Sydney Herbert, »wenn es vereint die Entschlußkraft dazu aufbrächte, die sechseinhalb Kilometer langen Bettreihen auf dem Rücken davonzutragen und damit bis ins Kriegsministerium im Londoner Südwesten zu marschieren.«

Cholera und andere fiebrige Erkrankungen wüteten. Florence Nightingale, die zwanzig Stunden täglich auf den Beinen war, bekam wie die anderen Schwestern zehn Tage lang keinerlei Rationen und blieb die übrige Zeit hindurch »zwangsläufig ohne Lebensmittel«. Dennoch konnte sie sagen: »Inmitten dieses grauenerregenden Schreckens (wir stehen bis zum Hals im Blut) gibt es Gutes, und ich kann nur mit dem heiligen Petrus sagen: ›Es ist gut für uns, hier zu sein.‹ Allerdings bezweifle ich, daß er das gesagt hätte, wäre er hier gewesen.«

Zu Hunderten trafen bei ihr Briefe von den Müttern der dahinsiechenden Männer ein, denen sie beistand. »Damit Sie ihn erkennen«, schrieb eine von ihnen, »er ist ein ordentlicher, freundlicher, gutaussehender Junge von heller Gesichtsfarbe.« In ihren Antworten bediente sich Florence Nightingale der stehenden Wendung: »Er starb gefaßt hier im Lazarett.«

Nachdem sie sich der übernommenen Verpflichtung auf der Krim entledigt hatte, kehrte sie ohne großes Aufhebens nach England zurück und mied die Menschenmengen, die sie daheim willkommen heißen wollten. Dort erwarteten sie neue Aufgaben. Sie wirkte an der Reform der Krankenfürsorge in Arbeitshäusern mit – neben der Schaffung der East London Society for Providing Sick Nurses for the Poor (eine Gesellschaft, die Krankenschwestern für die Armen zur Verfügung stellte), der Einrichtung eines Ministeriums für Öffentliche Gesundheit, von Krankenhäusern und Lazaretten in Indien nur eine der Reformen und Institutionen, die wir ihr verdanken. Wie vieles von dem, was im heutigen Krankenpflegewesen selbstverständlich ist, geht auf diese begeisterte und einzigartige Seele zurück, den so beherrschten und heldenmütigen, zugleich aber auch nüchternen und klarsichtigen Willen, etwas aufzubauen?

Der 1861 eingetretene Tod ihres Freundes und Mitarbeiters Sydney Herbert überschattete ihr Leben, doch ihr verdienstvolles Tun, auf das er so stolz gewesen war, ging weiter. Geehrt und geliebt, verlieh man ihr im hohen Alter, zu einer Zeit, als ihr Augenlicht und ihr Gedächtnis nachließen, den Verdienstorden Großbritanniens und das Ehrenbürgerrecht der Stadt London. »Zu gütig«, murmelte sie. Ihren achtzigsten Geburtstag begingen auf der ganzen Welt Könige, Krankenschwestern und Menschen, denen ihr Wirken zugute gekommen war. Als sie mit neunzig Jahren starb, wurde das Anerbieten abgelehnt, sie in der Abtei von Westminster beizusetzen. Die Heldin des Lazaretts von Scutari wurde ebenso einfach bestattet, wie sie gelebt hatte: Sechs Soldaten des Heeres, dem sie so getreulich gedient hatten, trugen sie zu Grabe.

Christina Rossetti
1830 - 1894

Als Christina Rossetti drei Jahre alt war, beschrieb ihr Vater sie in einem Brief so: »Sie geht ganz allein im Garten umher, wie ein kleiner Schmetterling inmitten der Blumen.«

So hätte das Leben dieser außergewöhnlichen Lyrikerin aussehen sollen, die nicht dazu geboren war, im kälteren Schatten zu wandeln; der prächtige Staub auf den Schwingen des Schmetterlings war der einzige, mit dem sie hätte Bekanntschaft machen sollen.

Christina Rossettis Anteilnahme am Leben der Kirche lastete zu schwer auf ihrer Dichtung, die sich stets leicht und rasch hätte bewegen müssen, ein Geschöpf der Natur, aber nicht barbarisch und unkultiviert, sondern jemand, der munter wie ein Vogel durch das Sonnenlicht und den Dämmer des Sommers dahineilt. Die Armut war ein zu erstickendes und düsteres Gewicht, und ihr schlechter Gesundheitszustand warf einen winterlichen Schatten. Vor allem die Kirche betäubte ihren Geist, denn wenn sie sich auch wie eine Heilige gab und so aussah, besaß sie doch nicht deren Ausstrahlung und Feuer: Ihre Religion legte sich wie schwere, kalte Erde auf sie. *Goblin Market*, möglicherweise das vollkommenste Gedicht, das eine Frau in englischer Sprache verfaßt hat, ist das ihrem Wesen gemäße Werk – nicht aber sind es die bläßlichen, erdkalten Verse ihres religiösen Lebens. Zwar läßt *At the Convent Threshold* (An der Schwelle zum Kloster) eine gewisse Leidenschaftlichkeit erkennen, doch ist diese verfärbt und verfälscht.

Die Lieblichkeit und der Zauber, die Blut und Lebensatem ihrer Dichtung ausmachen, strömten schon lange, bevor sie herangereift war. In den von ihr zwischen dem fünfzehnten und sechzehnten Lebensjahr verfaßten Gedichten, die ihr Großvater, Polidori, auf seiner privaten Presse druckte, finden wir die Anmut von

»Roses, lilies, jessamine
And the ivy ran between
Like a thought in happy hours.«*

Solche Stunden gab es viele, auch wenn die Armut stets gegenwärtig war. Als ihr Vater, der aus seiner Heimat Italien hatte fliehen müssen, allmählich sein Augenlicht verlor und seine Tätigkeit am King's College nicht mehr fortsetzen konnte, nahm ihre Mutter Arbeit an. Ihre ältere Schwester Maria trat mit siebzehn Jahren eine Stelle als Gouvernante an, ihr fiel aber die Trennung von ihren Angehörigen so schwer, daß sie bald unglücklich in den Schoß der Familie zurückkehrte und fortan lieber Stunden gab. Von den Brüdern konnte Dante Gabriel, der Malerei studierte, kein Geld verdienen. William aber, jener warmherzige Mann, der wie ein Heiliger sein ganzes Leben seinen Angehörigen und der selbstauferlegten Verpflichtung weihte, der sich darum kümmerte, ihnen alles Notwendige zu verschaffen, und der ihre Sorgen trug und sich selbst kaum je das Recht auf eigenes

* Rosen, Lilien und Jasmin / Dazwischen rankte Efeu hin / Wie ein Gedanke in glücklichen Stunden.

Glück gestattete, begann mit fünfzehn Jahren die Bürde seines Lebens zu schultern und trat als kleiner Angestellter in den Dienst der Finanzverwaltung.

In ihrer Jugend war Christina von der Gefaßtheit und nachdenklichen Schönheit einer Madonna von Filippo Lippi. Häufig saß sie ihrem Bruder Gabriel Modell, wie auch für Holman Hunts* Christusgestalt in *Das Licht der Welt.* Aber sie war scheu und gehemmt, und ihr Schweigen scheint andere beunruhigt zu haben.

Mit sechzehn Jahren verliebte sie sich in einen Freund ihres Bruders, einen nicht besonders begabten jungen Maler namens James Collinson, dessen Vater Buchhändler in Mansfield war. Da dieser nicht gerade attraktive junge Mann bald zum Katholizismus übertrat, sah sich Christina zu ihrem Kummer genötigt, die Verlobung aufzulösen.

Es muß das friedliche Familienleben einigermaßen aufgewühlt haben, als sich Gabriel 1849 leidenschaftlich in Elizabeth Siddal verliebte. Diese strahlende, aber unglückliche junge Frau von überirdischer Schönheit unternahm keinerlei Versuch, sich mit seinen Angehörigen gut zu stellen. Gabriel warf seiner Schwester Christina vor, sie wisse Elizabeth nicht zu würdigen, deren hochmütiges Lächeln zusammen damit, daß sie sich für eine Dichterin und Malerin von Gnaden hielt, für Christina recht aufrei-

* William Holden Hunt, einer der berühmtesten Maler des viktorianischen Zeitalters und Anhänger des von Ruskin empfohlenen pedantichen Naturalismus. Schloß sich mit Rossetti und Millais sowie vier minder bedeutenden Malern zur »Präraffaelitischen Brüderschaft« zusammen. (A. d. Ü.)

bend gewesen sein muß, zumal Gabriels Freunde diesen Anspruch unterstützten. Hinzu kam, daß Elizabeth nunmehr Gabriels Modell war, so daß er die Schwester nicht mehr brauchte. Es kam so weit, daß er seine Freunde bat, Christina nicht zu Gesellschaften einzuladen, bei denen er und Elizabeth anwesend waren.

Doch als Elizabeth ihr Leben auf tragische Weise beendete und Gabriels langer Abstieg in die Tiefen begann, suchte er bei Schwester und Mutter Trost.

Christina lernte im Jahre 1860 Charles Cayley kennen, den sie bis ans Ende ihres Lebens liebte, aber nicht zu heiraten bereit war, weil dessen Armut für den bereits überbürdeten William eine zusätzliche Belastung bedeutet hätte (auch wenn dieser uneigennützige Mensch nur allzu bereit war, auch sie auf sich zu nehmen). Zudem gab es religiöse Gründe, die eine Heirat ausschlossen. Doch lebte dies sanftmütige, liebenswürdige, erfolg- und mittellose sowie stets zerstreute Wesen in Christinas Herzen noch lange nach dem entsetzlichen Tag fort, da man ihn im Dezember 1883 in seiner Wohnung auffand, wo er einem Herzleiden erlegen war.

Die Jahre 1860 und 1862 waren möglicherweise die glücklichsten in Christinas Leben, denn 1862 wurde *Goblin Market* veröffentlicht und hatte trotz Ruskins pessimistischer Prophezeiungen einen gewissen Erfolg.

Doch schon bald sollte sich ihr Leben überschatten. Um ihr vierzigstes Jahr herum erlitt sie einen Anfall von »Bright's Krankheit«, und diesem Nierenleiden fiel neben der Gesundheit auch ihre Schönheit zum Opfer. Im Jahre 1874 ging William die Ehe mit Madox Browns Tochter Lucy ein. Zwar blieben Christina und ihre Mutter eine Weile im gemeinsamen Haushalt, doch fand dieser Zustand bald ein Ende. Mrs. William Rossetti war Agnostikerin, und die Kirchgänge ihrer Schwägerin Christina wie auch ihre religiösen Gespräche waren ihr ein Dorn im Auge. Sie brachte für die Nervosität jener großen Künstlerin keine Geduld auf – war sie nicht, recht betrachtet, gleichfalls Künstlerin? Hatte sie nicht Malerei studiert und eine Lebensbeschreibung Mary Wollstonecrafts verfaßt? Warum sollte man Christina und ihren Launen größere Zugeständnisse machen als ihren eigenen?

So zogen Mutter und Schwester zu Williams großer Betrübnis nach Torrington Square, wo sich die Schwestern der alten Mrs. Rossetti zu ihnen gesellten. Hier blieben sie, bis die alten Damen eine nach der anderen dahinschwanden. Maria und Gabriel waren längst tot. Nur William und Christina blieben übrig – die bedeutende Dichterin und der geliebte und getreue Bruder, der ein Leben lang der Stab gewesen war, auf den sie sich gestützt hatte, und der sie überleben sollte.

Ellen Terry
1848 - 1928

Dies außerordentliche, einmalige und warmherzige Geschöpf, an dessen Kunst nichts Übernatürliches war, hat einmal erklärt: »Vorausgesetzt, es ist der kennzeichnende Wesenszug von Künstlern, daß sie die Kunst über alles lieben, um ihretwillen allem entsagen, alles angenehm Menschliche gern dahingehen lassen, wenn sie nur etwas zu erreichen, ein gutes, bedeutendes Kunstwerk zu schaffen vermögen, war ich nie eine Künstlerin. Am glücklichsten war ich in meiner Arbeit stets dann, wenn ich etwas für andere tat.«

Welches waren die Höhepunkte jenes Lebens, das trotz aller Sorgen und Kümmernisse so hell strahlte? Wie sahen die Geheimnisse jener Kunst aus, die eine Quintessenz ihrer Lebenskräfte war? Sie entsprach dem Wesen dieser Frau so sehr, wie der Duft einer Blume wesensgemäß ist, und dennoch war sie ebenso das Ergebnis von Nachdenken wie von Instinkt, denn hinter jenem schönen, ein wenig unregelmäßigen Gesicht war ein scharfsinniger Geist am Werk. Ellen Terry konnte man nichts vormachen, denn sie verstand es, Menschen und deren Handeln mit klarem Blick einzuschätzen.

Was also waren diese Höhepunkte? Da war einmal jener Abend, an dem ein achtjähriges Mädchen, dessen Eltern Schauspieler waren, in Charles Keans* Inszenierung von Shakespeares *Wintermärchen* den Prinzen Mamillius spielte und von Königin Victoria und Prinzgemahl Albert Beifall bekam; dann der Tag

* Schauspieler und Theaterleiter, Sohn des berühmten Tragöden Edmund Kean. (A. d. Ü.)

ihrer Eheschließung mit Mr. Watts*, dem bedeutenden Maler, der seine sechzehnjährige Braut mahnte, sie möge nicht weinen, da sie sonst eine rote Nase bekomme; die Tage, die in Mr. Watts' herrlichem Haus folgten, wo außer Swinburne und Tennyson (der sich ihr gegenüber stets liebenswürdig zeigte) auch Gladstone und Disraeli ein- und ausgingen – sowie die schönen Damen, die im Haus regierten, wobei Mr. Watts der Kind-Frau erklärte, sie dürfe nichts sagen; der Tag der Trauer und Demütigung, an dem sie erfuhr, daß die Ehe ohne ihr Verschulden vorüber war.

Das waren ihre Erinnerungen, zu denen sich die Trauer und Wonne ihres Lebens mit Edward William Godwin gesellte (Architekt und Initiator einer ästhetischen Bewegung für den Entwurf von Bühnenbildern). Dies Leben, dem sie so vollständig ergeben war, daß sie sich ihm zuliebe von ihrer Familie und dem Theater lossagte, kreiste um die Zubereitung von Mahlzeiten und darum, daß sie die beiden Kinder wusch, die ihnen geboren worden waren. Später erzwang die Armut ihre Rückkehr auf die Bühne, danach folgte der bittere Kummer ihrer Trennung von Godwin.

Sie heiratete in späteren Jahren noch zweimal, doch konnten ihr diese Ehen nicht dasselbe bedeuten wie die teure Verbundenheit, für die sie so viel aufgegeben hatte. Sie schenkten ihr Sicherheit, eine Aus-

* George Frederic Watts, zu seiner Zeit sehr bekannter Maler und Bildhauer. Er bekam zahlreiche Auszeichnungen und lehnte es zweimal ab, in den erblichen Adelsstand erhoben zu werden. Sein Grundsatz hieß: »Ich male Vorstellungen, keine Gegenstände.« (A. d. Ü.)

söhnung mit ihren Angehörigen und ein Zuhause für ihre Kinder.

Als sie im hohen Alter in ihren Erinnerungen lebte – dachte sie da an diese vergangenen Jahre und Augenblicke oder an die Zeit, da sie als Portia London wie eine Feuersbrunst entflammt hatte und sich jeder, wie sie sagte, in sie verliebte?

Dachte sie an ihre Triumphe als Irvings* Hauptdarstellerin, die Zuneigung, die sie für ihn empfand (und den gelegentlichen Ärger über ihn), an ihre freundschaftliche Beziehung zu Mr. Bernard Shaw, die Freundschaft zweier Menschen, die aus der Ferne miteinander reden? Oder dachte sie an die schwere Arbeit, das unendliche Rollenstudium, bei dem sie nie etwas dem Zufall überließ? Denn nicht nur dem Zufall verdankte sie die Wirkung, die von ihr ausging, die Aura, die sie umgab, und ihre Ausstrahlung – auch wenn das Geheimnis der raschen und animalischen Bewegungen ihrem tiefsten Wesen entsprang, wie auch ihre honigartige Süße und ihre Reglosigkeit, die wie die eines blühenden Zweigs war. Sie war ein Produkt aus Naturhaftigkeit und Intellekt.

* John Henry Brodribb, mit Bühnennamen Henry Irving. In klassischen Rollen der bedeutendste Schauspieler seiner Zeit und der erste, dem der Ritterschlag angeboten wurde, eine Ehrung, die er allerdings anfänglich ablehnte. Zwölf Jahre später dann nahm er sie an. (A. d. Ü.)

Gertrude Bell
1868 - 1926

From Trebizond to Tripolis
She rolls the Pashas flat
And tells them what to think of this
And what to think of that

Es war«, berichtete Miss Bell ihrem Vater, Sir Hugh Bell, nachdem sie im Jahre 1902 den Versuch unternommen hatte, den Finsteraarhorn zu ersteigen, »recht interessant zu sehen, wie sich ein Berg in einem Schneesturm verhält, wie Lawinen entstehen und all die großartigen und schrecklichen Dinge, die hoch droben geschehen«.

Diese Stelle zeigt uns den Leitgedanken für dies ungewöhnliche Leben atemberaubender Abenteuer und Taten. Sie sah wirklich die großartigen und schrecklichen Dinge, die hoch droben geschehen.

Die Enkelin des Baronet Sir Isaac Lothian Bell, F.R.S., Naturwissenschaftler, Besitzer eines Steinkohlenbergwerks und einer Eisenhütte, besaß die Wißbegierde eines Naturwissenschaftlers und den praktischen Sinn eines Geschäftsmannes. Als Gelehrte, Historikerin, Archäologin, Autorin zu Kunstfragen, Alpinistin, Entdeckungsreisende, Gärtnerin, Naturkundlerin und herausragende Staatsdienerin ließ sie sich bei all den Tätigkeiten, die sie im Lauf ihres Leben ausübte, von dieser grenzenlosen Wißbegierde und ihrem ausgeprägten Alltagsverstand lenken. Mit ihrem Glauben, ihrem Mut und ihrer Lauterkeit war sie die geistige Schwester von Männern wie Captain Oates* und Colonel Lawrence**.

Die von ihr im Verlauf der Expedition nach Hayil,

* Teilnehmer an Scotts letzter Antarktisexpedition. Er gehörte der Gruppe an, die den Südpol erreichte, verließ aber auf dem Rückweg zum Lager seine Gefährten, um zu sterben, denn er fürchtete, ihnen wegen seiner schweren Erfrierungen zur Last zu werden und sie damit zu gefährden. (A. d. Ü.)

** Der berühmte »Lawrence von Arabien«. (A. d. Ü.)

die sie Anfang 1914 unternahm (nur eine ihrer zahlreichen Forschungsreisen), angehäuften Erkenntnisse waren für Großbritannien während des letzten Krieges, in dem Hayil auf der Seite des Feindes stand, von unschätzbarem Wert. Im November 1915 berief man sie auf dringende Anforderung Dr. Hogarths, der mit Lawrence zusammenarbeitete, wegen ihrer umfassenden Kenntnisse über die nordarabischen Stämme nach Kairo.

»Als der krönende Abschluß jener Tage des Wüstenabenteuers kam«, schrieb Lady Bell im Nachwort ihrer Ausgabe von Briefen ihrer Stieftochter, »als sie miterlebte, wie ihr Traum vom arabischen Aufstand Wirklichkeit wurde, befand sie sich im pulsierenden Mittelpunkt der Ereignisse, die dazu führten, daß das Königreich Irak mit einem arabischen Fürsten auf dem Thron in die Geschichte sprang, was zu chaotischen Verwicklungen führte.«

Aus Bagdad hatte sie im Jahre 1918 ihrem Vater geschrieben: »Es war ein angenehmes Gefühl, sich als Teil all dessen vorzukommen, und das bin ich auch, mußt du wissen, so wie ich Teil einer englischen Umgebung bin. Es ist eigenartig, zwei Geburtsländer zu besitzen und durch seltsame Zusammenhänge mit dem einen wie dem anderen verkettet zu sein.«

Virginia Woolf
1882 - 1941

Noch vor kurzem weilte dies exquisite Geschöpf von Dorothy Wordsworth' Einfühlsamkeit und der Begabung Jane Austens unter uns.

Sie war mit vielem in der Natur verbunden und hatte die Tiefe eines weit hinabreichenden Brunnens. Doch wenn sie sprach und dem zuhörte, was andere sagten, gewann man den Eindruck, daß sie wie ein glückliches Kind war, das auf den Wiesen eines niemals sterbenden Sommers nach Schmetterlingen haschte. Nur gab es bei ihr keinerlei Grausamkeit; sie fing die liebreizenden Geschöpfe ein, betrachtete einen Augenblick lang die Farben auf ihren Flügeln und ließ sie dann wieder frei, ohne ihrer Schönheit Abbruch zu tun.

Ein Glück, das sie nicht zu teilen vermochte, war unvorstellbar, und nie hätte man geglaubt, es könne ein Schatten über der Welt liegen. So mutig und strahlend, wie sie war, konnte die Finsternis keinen Teil an ihr haben.

Nach ihrem tragischen Tod schrieb ein Freund über sie, sie sei »von unirdischer Schönheit« gewesen. Ich hätte gesagt, »von unweltlicher Schönheit«, denn ein Teil ihres Reizes ging darauf zurück, daß sie irdischen Dingen durchaus zugetan war. Sie war von beträchtlicher Schönheit und besaß die Art unbewußter Eleganz, wie man sie bei einem hochgewachsenen, schlanken Vogel findet, der auf seinen langen Beinen mit den zierlichen Füßen voll Neugier den Kopf dreht. Dazu besaß sie, wie ein Kind, den Zauber sich gelegentlich zeigender unschuldiger Spitzbübischkeit.

Wer mit ihr sprach, dem wurde alles aufregend. Sie sorgte dafür, daß Gedanken rascher hin und her flogen. Ein so rasch aufblitzendes Verständnis wie sie muß auch Dorothy Wordsworth besessen haben, ihr brillanter Geist erhellte und überhöhte alles. Gleichermaßen bezaubernd als Sprechende und Zuhörerin, beflügelte sie das Gespräch ihrer Freunde, die sie gutmütig neckte, und wenn ihr etwas besonders gelang, klatschte sie vergnügt und aufgeregt in die Hände. Nie wurde sie müde zu fragen; doch waren die Fragen, die sie stellte, keinesfalls beschwerlich, denn sie führten auf etwas hin und sorgten häufig dafür, daß der Antwortende eine neue Wahrheit erkannte.

So war ihre Persönlichkeit beschaffen; Werk und Wesen waren bei ihr voneinander unablösbar. Von ihrem Werk ging eher eine gleichmäßige Ausstrahlung als Leidenschaftlichkeit aus. Ihm haftete kein Hauch der Gefahr an. Die in ihren Romanen und dem bezaubernden Werk *Der gewöhnliche Leser* auftretenden Personen sind lebende Gestalten; ihnen begegnen wir so wie unseren Bekannten, sie sprechen mit uns und lachen mit uns. Ich glaube nicht, daß sie uns die Geheimnisse ihres Herzens mitteilen, aber man muß auch bedenken, daß viele bezaubernde Wesen nicht von Leidenschaften heimgesucht und von Feuern in ihren Herzen zerstört werden. Sie leben nicht gefährlich, die großen Abenteuer sind nicht ihre Sache. Aber das flüchtige Glück der Stunde, der Lichtschimmer auf den Schwingen des Vogels, der Tau auf der Morgenwelt: Diese Dinge schien sie in ihren langen und schönen Händen zu halten, und sobald sie sie einen Augenblick lang berührte, nahmen sie für uns eine größere Wirklichkeit an, und es kam uns vor, als könnten sie nie verblassen.

Bildnachweise

Edith Sitwell
Photo von Cecil Beaton
© Sotheby, London

Königin Elizabeth bei der Jagd
Tuschfeder- und Kohlezeichnung von Nicholas Hilliard
Britisches Museum, London

Mary Sidney, Gräfin von Pembroke
Ölgemälde von Paul van Somer

Sarah Jennings, Herzogin von Marlborough
Ölgemälde von Sir Godfrey Kneller

Esther Johnson
Charles Jervas zugeschriebenes Ölgemälde
National Gallery of Ireland, Dublin

Elizabeth Linley, Mrs. Sheridan
Mezzotintgravur von Gainsborough Dupont
nach Thomas Gainsborough

Sarah Siddons
Ölgemälde von Sir Thomas Lawrence
National Portrait Gallery, London

Mary Wollstonecraft Godwin
Ölgemälde von John Opic
National Portrait Gallery, London

Dorothy Wordsworth
Scherenschnitt

Lady Hester Stanhope in orientalischer Gewandung
Aquarellierte Bleistiftskizze von Sir David Wilkie, 1841

Elizabeth Fry
Aquarell von George Richmond

Jane Welsh Carlyle
Elfenbeinminiatur von Samuel Lawrence
National Portrait Gallery, London

Grace Darling
Ausschnitt aus dem Aquarell von Henry Perlee Parker, 1838
National Portrait Gallery, London

Emily Brontë
Ölgemälde von Branwell Brontë, um 1833
National Portrait Gallery, London

George Eliot
Ölgemälde (Kopie) von D. d'A. Durade, 1849

Florence Nightingale
Ausschnitt aus einer Bleistiftzeichnung von Sir George Scharf, 1857
National Portrait Gallery, London

Christina Rossetti
Ausschnitt aus einer Kreidezeichnung ihres Bruders Dante Gabriel Rossetti, 1877

Ellen Terry
Ölgemälde von G. F. Watts, 1864

Gertrude Bell bei einem orientalischen Fest
Karikatur von Admiral Sir Herbert Richmond
Wiedergabe aus *The Letters of Gertrude Bell*, 1927
Das kleine Gedicht lautet übersetzt:

Von Trapezunt bis Tripolis
Reißt sie die Paschas hin
Schreibt ihnen vor: denk das, denk dies,
Und leitet ihren Sinn.

Virginia Woolf
Gemälde ihrer Schwester Vanessa Bell, 1912
Monks House, Rodmell, Sussex

Edith Sitwell
Mein exzentrisches Leben
Autobiographie
Aus dem Englischen von
Karl A. Klewer
Mit zahlreichen Abbildungen
Fadenheftung · Schön gebunden
320 Seiten

»Eine wunderbare Verrückte muß sie gewesen sein, eine hochfahrende, unangepaßte Einzelgängerin, eine Nervensäge mit einem geschliffenen Mundwerk. Diese prachtvolle Person mit der spitzen Zunge muß ihren Feinden – und manchmal wohl sogar ihren Freunden ein Graus gewesen sein. Wehe, wer ihr nicht paßte!«
Esther Scheidegger, Annabelle

»Zu den raren Exemplaren aristokratischer Dichterinnen von Rang gehört Dame Edith Sitwell. Ihre Autobiographie zeugt von einer noblen und eigenständigen künstlerischen Persönlichkeit, die die Welt, aus der sie kam, an Originalität, Talent und Empfindsamkeit weit überragte.«
Frankfurter Allgemeine Zeitung

»Edith Sitwell – eine Schrille von hohen Gnaden.«
DER SPIEGEL

»Ein außerordentlich schönes, witziges Buch in vorzüglicher Übersetzung.«
Johannes Willms, ZDF-Aspekte

Edith Sitwell
Piraterie & Pietät
Mehr englische Exzentriker
Aus dem Englischen von
Karl A. Klewer
Mit zahlreichen Abbildungen
Fadenheftung · Schön gebunden
232 Seiten

»Wenn es irgendwo ein Land gibt, das wie geschaffen ist für Exzentriker, dann ist das zweifellos Großbritannien. Und wenn eine prädestiniert war, über Käuze und ihr Leben zu schreiben, dann wohl die britische Autorin Edith Sitwell.«
Eva Lehner, Neue Kronen Zeitung

»Sie porträtierte die durchlauchten Damen und Herren mit Verständnis und scharfzüngigem Witz – auch für Nicht-Engländer ein ungetrübtes Lesevergnügen wie schon ihre Autobiographie.«
Esther Scheidegger, Annabelle

»Alle hier porträtierten Paradiesvögel pfeifen auf den Geschmack der Masse. Scharlatane, fabulierende Globetrotter, exotische Prinzessinnen, falsche Kannibalenhäuptlinge und habsüchtige Leichenfledderer pflegen ohne Rücksicht auf die öffentliche Meinung ihre Marotten. Die Dichterin mit dem Raubvogelkopf hat ihre Portraits mit jenem scharfen Witz gezeichnet, den sie bis zu ihrem Tod im Jahre 1964 behielt.«
Elke Heinemann, DIE ZEIT